黒焼き梅で 梅仙人は医者知らず!!

和歌山県みなべ町●永井恒雄さん

幼少の頃から体が弱く、何度も死にかけたという梅仙人こと永井恒雄さん。102歳で亡くなった祖母が、梅干しを焼いて活用していたことを思い出して作ったのがこの黒焼き梅。粉にしてご飯の上にふりかけ、黒い粉を詰めたパイプをくわえて生活している。ここ15年ほどはまったくの医者知らずだという。

（本文14ページ参照、撮影：田中康弘）

現代農業2016年7月号

梅の健康パワーを引き出す

熊本県・崇城大学薬学部●村上光太郎先生

崇城大学の村上光太郎先生によると、梅の健康パワーはシソを加える、梅干しを焼いて食べる、梅干しのタネを丸飲みする、青梅を煙で燻す……といった方法で引き出すことができるという。

（本文18ページ参照）

現代農業2011年7月号
2012年7月号

塩漬け梅＋シソ

シソを加えた梅干し。塩漬けで解毒した分、梅の薬としての効果は少し弱まるが、そこへシソを加えることで、効果を増強することができる（撮影：小倉隆人）

焼き梅干し

焼き梅干し。梅干しの表面が真っ黒になるほど焼いて食べると、加熱によってクエン酸と糖が結びついてムメフラールという成分に変わる。これは血液の流れをよくし、血液をサラサラにする効果がある

青梅

薬効は完熟梅より青梅のほうが高い
（撮影：黒澤義教）

梅肉エキス

梅肉エキスの炭酸割り。梅肉エキスは強い病原菌を殺し、腸内常在菌は殺さない性質がある。しかし酸っぱくて飲みにくいので、サイダーなどの炭酸で割るとおいしく飲める。疲れがとれ、また食中毒などを防ぐことができる

烏梅作り。草木を燃やした煙で青梅を燻して乾燥させて作る
（本文25ページ参照）

烏《う》梅《ばい》

烏梅。中国から駆虫薬として伝来。その後、しだいに鎮咳、去痰、解熱、解毒に使われ、さらに鎮痛剤としても使われるようになった
（写真提供：塚本浩輝さん）

真っ赤な梅干しは8月のシソで漬ける

福島県矢吹町●仁井田秋子さん

仁井田秋子さんの作る梅干しは真っ赤で、シソのにおいも強いため、直売所には予約が殺到。秘密は８月のシソで漬けること。真夏の太陽の日射しを浴びたシソが梅を赤くするという。また、一般的な漬け方は〈塩漬け・本漬け・土用干し〉という手順だが、仁井田さんの場合は〈塩漬け・土用干し・本漬け〉。土用干しのあと再び漬け込むことになるが、味と風味は抜群だ。

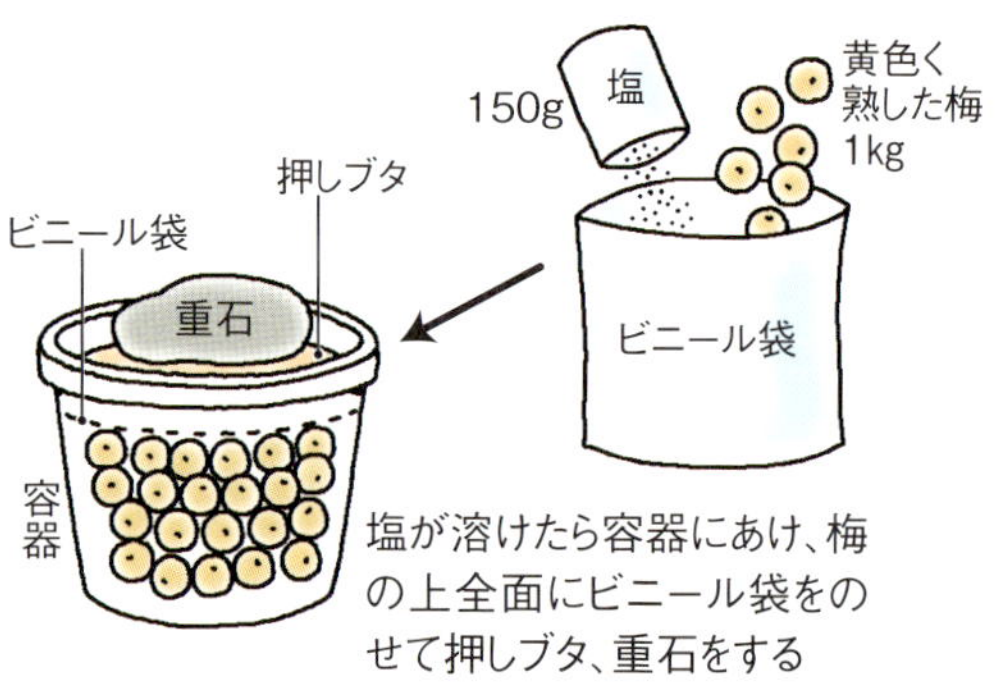

塩が溶けたら容器にあけ、梅の上全面にビニール袋をのせて押しブタ、重石をする

ハウスの中で土用干しをする秋子さんとご主人の繁春さん。「晴れた日に一気に干して、夜はハウスのサイドをあけたままにして風に当てるようにするとよく締まった梅干しになる」
（撮影：すべて田中康弘）

現代農業2013年7月号

8月のシソで本漬け

シソ1kgに対して塩15gを加えてもみ、最初に出る黒いアクは捨てる。その後、梅酢を加え、もんで色を出す

シソを摘む秋子さん。真夏の太陽を浴びたシソが真っ赤な梅干しを作ってくれる

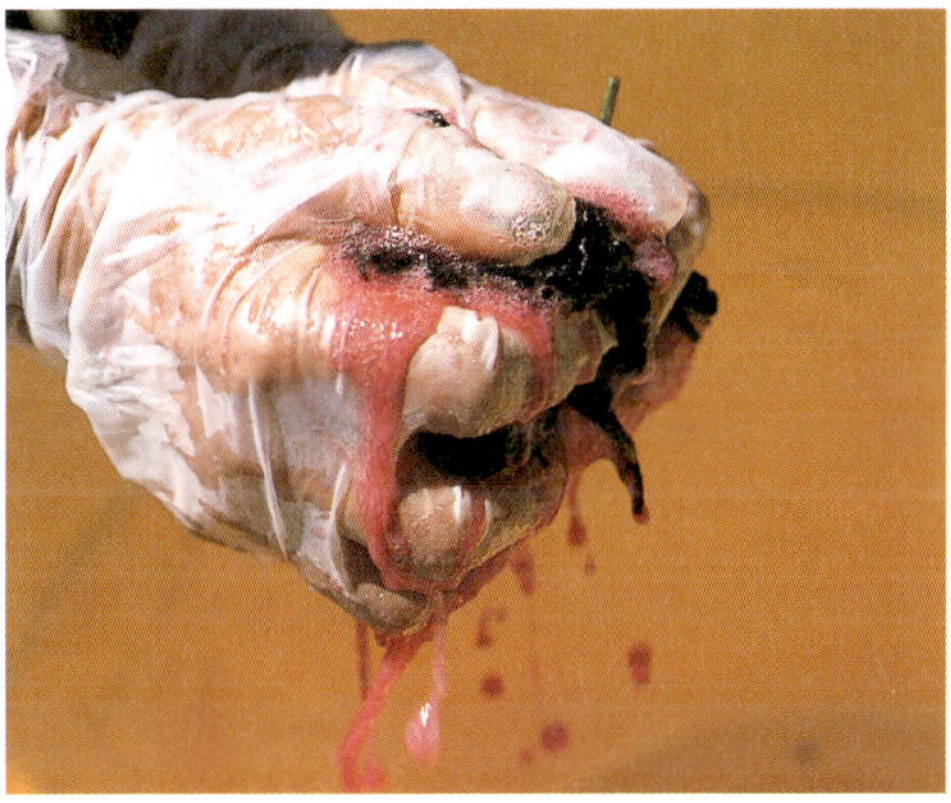

シソをもむと赤い汁がボタボタボターッと出てきた

パックに200g入れて200円で直売所へ。「フタが閉まらないくらいに入れてやるんだ」とサービス満点の絶品梅干し

土用干しした梅を容器に戻し、梅酢とシソを加えて本漬け。梅酢は梅の高さの半分くらいまで入れ、シソは梅の上にのせる。10日くらいで仕上がる。最後に干すやり方よりも色がくすみにくい

手間いらず、簡単、便利 漬けるだけの梅風味調味料

和歌山県みなべ町●梅料理研究会

梅の季節が来ても、「忙しくて加工する時間がない」という方も多いのでは？　漬けるだけで、手間がかからない、おいしい調味料の作り方を教えてくれたのが日本一の産地にある梅料理研究会。上の写真は右から中家いち子さん、谷本さえ子さん、西川みや子さん

（本文52ページ参照、撮影：すべて松村昭宏）
現代農業2005年7月号

醤油で漬けて 青梅醤油

材料

青梅 500g ／醤油 500g

作り方

1. ビンに青梅を入れてひたひたになるまで醤油（薄口でも濃口でもよい）を注ぐ
2. 冷暗所で保存。ときどき、上下を返したりして梅に醤油がかかるようにする。半年後から使える。実は取り出してもそのままでもよい

※梅風味が生魚と相性がよく、刺身醤油にもってこい。実は刻んで焼き飯に入れても美味

どれも、洗ってヘタをとり、水分を拭き取った梅をビンに入れ、調味料を加えていくだけ。写真は青梅味噌

酢とハチミツで漬けて **ハニープラム**

材料

完熟梅（小梅は1kg、肉厚の南高梅は800～850g）／ハチミツ400mℓ／米酢 400mℓ弱

作り方

❶ 1時間以上水に漬けてアク抜きをした梅を、ビンに入れて酢を半量入れる。ビンを振って梅全体にまぶすようにし、ハチミツ半量、残りの酢、ハチミツと、梅がかぶるまで入れる

❷ 冷暗所に保存。梅が浮いてくるのでときどき逆さにする。小梅は約5カ月、南高梅は8カ月～1年ぐらいで飲める

※実はそのままデザートで食べてもおいしいが、寒天やジュースに浮かべたり、刻んでドレッシングに混ぜたり、ケーキやクッキーに入れても。エキスは水や炭酸水で割ってさわやかドリンクにするほか、ドレッシングや三杯酢などの料理酢として使ってもよい

味噌で漬けて **青梅味噌**

材料

青梅（熟しているとよい）500g／味噌 500g／砂糖 500g

作り方

❶ ビンの中に梅、味噌、砂糖、梅……と交互に入れて冷暗所に保存。3～5カ月してエキスが出てドロドロになってきたら梅を取り出す

※何にでも合うが、とくにゆで豚や、キュウリ、ナスなどの夏野菜と相性ぴったり。おろしニンニクやショウガ、ゴマを混ぜるなどのアレンジも。実は刻んで薬味にもできる

冷凍梅を生かす

冷凍して保存しておけばいい

青梅味噌や梅シロップは一度冷凍した梅を使うと失敗が少ない。梅が溶けながら味噌や砂糖の味がしみ込んで中まで浸透していく。また、冷凍すると梅の酵母が弱るのか、味がしみる前に発酵して泡が出てくるということがない

洗って水気をふいた梅をビニール袋に入れて冷凍しておけば、いつでもこうして青梅味噌が作れる。「私らも梅の収穫で忙しいから、とりあえず冷凍して、時間ができたら作るんよ」と会長の岩本直子さん。袋に500g、1kg……と書いておくと便利

梅の品種 実梅と花梅のいろいろ

元宇都宮大学・日本梅の会●吉田雅夫さん

梅には実梅と花梅がある。実梅には大きさや色の違いでいろいろな品種がある。観賞するための花梅には、花弁の形や大きさ、一重、八重などでさまざまな品種がある（実の撮影：赤松富仁）

小梅（10g 以下）

甲州深紅《こうしゅうしんこう》

織姫《おりひめ》

竜峡小梅《りゅうきょうこうめ》

中梅（10 ～ 25g）

稲積《いなづみ》

十郎《じゅうろう》

玉梅《たまうめ》

南高《なんこう》

白加賀《しろかが》

実梅の花

藤之梅《とうのうめ》（白色・単弁）

玉梅《たまうめ》（白色・単弁・緑がく）

花梅の花

寒紅梅《かんこうばい》（紅色・単弁）

玉牡丹《たまぼたん》（白色・重弁）

枝垂れ梅（柳川枝垂《やながわしだれ》）
枝が下に垂れる

臥龍梅《がりゅうばい》
（幹が竜のように横になって立ち上がっている）

咲き分け（春日野《かすがの》）
キメラで花の色が混ざって咲く

（花の撮影：吉田雅夫）

はじめに

日本の春を代表する樹木は、梅と桜と柳。「梅一輪いちりんほどの暖かさ」（嵐雪）といわれる時期から、「柳あをめる」頃まで、二月の立春の頃から五月の田植えの頃でしょうか。なかでも梅は、昔から「梅は香りよ、桜は花よ」といわれ、香りが最も特徴的な樹木とされてきました。「万物がまだ雪の下で息をひそめ……そのままじっと黙り静まっているときにあって、梅は一輪、また一輪と花を開き、いい香りをあたり一面にただよわす。……ときには、氷雪が枝をおおうこともあるなかで、梅は少しずつ蕾をふくらませ、枝先に向かって花を一つずつていねいに開いていく。春以降、花を咲かせる万木に先駆けて、清楚な白花を開き、香りのない厳冬の季節にいい匂いをあたり一面にただよわすのが梅花である」（有岡利幸『資料日本植物文化誌』）。そこで梅の花の別名も、花の兄（花の弟は秋に咲く菊花）あるいは百花魁《ひゃっかかい》（魁は「さきがけ」）とされているそうです。「香散見草《かざみぐさ》」の別名も、梅の香りが由来。尾籠な話ですが、平安の頃の貴族はほとんど風呂（現在のサウナのような蒸し風呂）に入りませんでした。身がひどく臭うので、香木の粉を練りあわせた「薫物《たきもの》」と呼ばれた香《こう》を燃やして、衣服などにたきこめたそうです。男が女の家を訪れる「妻問い婚」の当時にあっては、たきこめた香で、いずこの殿御か判断できたとか。

むめの花　にほふあたりのゆうぐれは
あやなく人にあやまたれつつ（後拾遺和歌集）

梅の花の香りがあたりに漂う夕暮れ時は、わけもなくその梅の香りが、待つ人の袖の香と思い間違えて、ついそわそわしてしまうというわけです。

さてその梅の香り。「現代農業」二〇〇一年十二月号に「自然の香りが広がる『発香装置』」という見出しで、梅の花の香りの香水「梅春薫《うめはるか》」を作った茨城県の㈱クリエイティヴ三愛の三浦春治さんの記事が載っています。水を入れた容器にさまざまな花を浮かべて装置にセットし電源を入れると、花の香りが部屋中に広がる「発香装置」を開発したというものです（本文一一八ページ参照）。この装置の原理による簡便な方法が右下の図です。キンモクセイ、バラ、クチナシ、各種のハーブ、オレンジやリンゴなどもOK。しかも香りの素材を冷凍しておけば、いつでも楽しめるとか。

香りは文化。三浦さんも、記事の最後にこう書いています。「香りの商品はいろいろ出まわっていますが、花本来の香りとは程遠いものもあります。また、子どもたちがキンモクセイの樹の前で『トイレのにおいだ！』と言うのを聞くと、寂しい限りです。本物の花や果実を実際に見て、その本当の香りを知って愉しんでもらいたいものです」。

梅の香りにのせて、本書をお届けします。

二〇一八年二月

一般社団法人　農山漁村文化協会

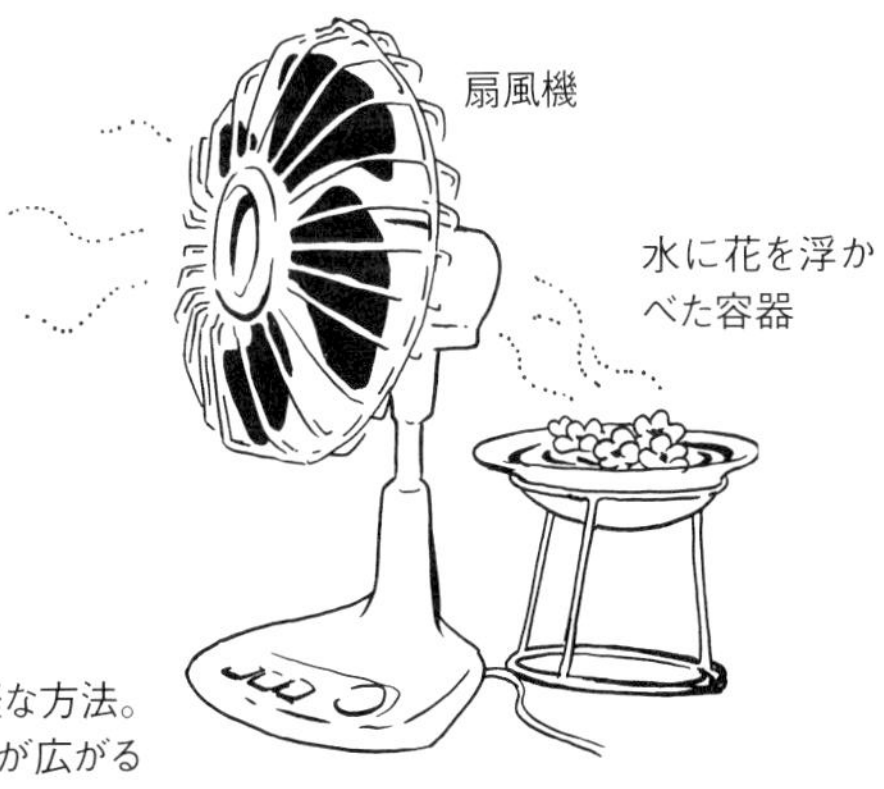

「発香装置」の原理を応用した手軽な方法。意外に香りが広がる

目次

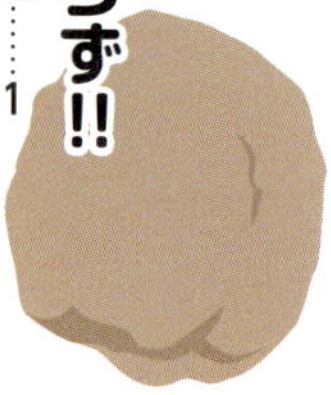

失敗しない! **梅ジャムの作り方** 元神奈川県農業総合研究所●小清水正美……83
カコミ 農作業のあとに 飲むヨーグルトふう梅ジュース 新潟県新潟市●長谷川一夫……87
ラクラク ハンドル搾りなら **梅肉エキスが五時間でできる** 山口県柳井市●日高正輝……88
図解 梅ワイン漬け 群馬県川場村●宮田りえ子……90
図解 梅の浮かし漬け 茨城県常陸太田市●須藤百合子……92
図解 ブランデー入りのかおり梅 長野県飯田市●宮脇幸子……94
カコミ 「ニガリ」で小梅のカリカリ漬け 埼玉県上里町●福田利子さん……96
カコミ 梅の「醤油にドボン」漬け 岐阜県南濃町（現海津市）●松永洋子さん……96
梅味噌床で簡単漬物 島根県邑南町●佐貫みどりさん……97
梅の漬け床 和歌山県みなべ町●寺垣みち子……98
梅酢を使って 「豆腐を梅酢に漬けるだけ **絶品! 山のチーズ** 高知県津野町……99
梅酢を使って ピンクが鮮やか **桜の白梅酢漬け** 長野県長野市●稲田和子……100
梅酢を使って **桜の花漬け** 失敗しないポイントを伝授 元神奈川県農業総合研究所●小清水正美……101
図解 梅酢漬けダイズ 福岡県黒木町（現八女市）●野中シヅ子……104
技ありの梅活用術
炊飯器で梅ジュース 埼玉県越生町●小澤章三……106
簡単のし梅 山形県白鷹町●紺野佳代子……107
梅塩 福井県若狭町●中西英輝……108
三年梅酒 徳島県吉野川市●藤村和行……108
カコミ ヤマモモでピンク色の梅酒 兵庫県南あわじ市●森本道子さん……109
カコミ 梅とかつおぶし風味の梅醤油 福島県鹿島町（現南相馬市）●林 カツ子さん……109
図解 **おいしい薬酒** 松竹梅酒 果実酒薬酒研究家●渡邉 修……110
活性酸素消去効果が緑茶の二倍! **梅の葉茶** 和歌山県南部川村（現みなべ町）・㈱東農園●東 善彦……112
梅加工をラクにする道具・機械
梅のタネ取り器・電動シソもみ機 佐賀県小城市●永石さと子さん……113
梅の連続果肉割り器「うめ〜ぐあい」 福島県郡山市●㈱ベルテックス……114
お正月用に、お墓のお供え用に **梅の枝をアレンジして売る** 熊本県球磨村●大無田シヲリ……115
せん定枝を売る! **梅のせん定枝を加温して、お正月用に** 愛知県足助町（現豊田市）●伊藤進一……116
自然の香りが広がる **「発香装置」** 茨城県城里町・㈱クリエイティヴ三愛●三浦春治……118

第5章 梅を育てる

梅の下部全摘果法で 切り上がりよく小玉を一掃 和歌山県田辺市・㈱濱田農園●花光重一郎……120
早めの摘心で葉が稼ぎっ葉に変身 三割以上の増収を実現 和歌山県みなべ町●筋本与至一……123
図解 庭先でつくろうマイ・フルーツQ&A 岡山県赤磐市・山陽農園●大森直樹……126

第1章

梅パワーで元気に暮らす

永井さんの作る黒焼き梅（14ページ）

これがあれば一五〇歳まで生きる！
梅仙人の黒焼き梅

和歌山県みなべ町●永井恒雄

筆者（75歳）と妻の智也子。約1.8haの梅農家。筆者が持っているのは梅酢ドリンク。妻が持っているのは梅茶。手前は黒焼き梅の粉をかけたご飯と梅干しの煮物

これが梅仙人の黒焼き梅（撮影：すべて田中康弘）

夢を追いかけて

私の住む和歌山県みなべ町は黒潮へとつながる紀伊水道に面していて、海岸では漁師が海産物に携わり、町から里へ、里から山の段々畑へと連なる地形の中にあります。その段々畑たるや、見渡す限り梅の木ばかりといった、田舎の景色でございます。人口は一万四〇〇〇人足らず。梅産業が大きなウエイトを占め、加工から販売まで手がける業者も多く、隣町からも大勢働きに来られ、昼間の人口が膨らみます。

私は夢を追いかける性分で、興味をそそられることに出くわせば、町から

黒焼き梅の利用方法

黒焼き梅のタネ。しゃぶっていると唾液（老化防止ホルモン「パロチン」）が分泌される。唾液の量は年齢とともに減るものだが、「私は20代と同じ」

ものの10分で治る

のどが痛いとき、黒焼き梅の粉を箸の先端につけて塗る

安眠できます

妻は梅茶をよく飲む。お茶に黒焼き梅の粉とゴマを入れる

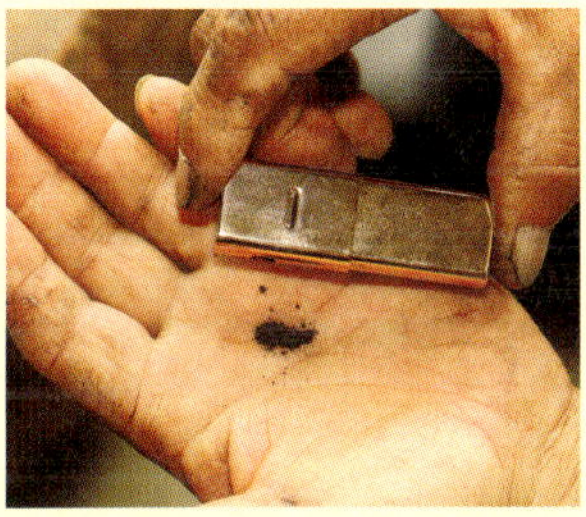

黒焼き梅の粉。仁丹の容器に入れて持ち歩き、畑でもどこでもなめる。以前は印籠やひょうたんに入れていた

抜け出るほどの勢いでのめり込むこともたびたびです。インターネット到来の折もいち早くメーリングリストに加入し、ハンドルネームを登録。日頃から変わり者呼ばわりされている自分をYUMESENNIN（夢仙人）と称したのです。その後、UMESENNIN（梅仙人）とすれば梅生産者としても通じると思うようになりました。

何度も死にかけた

今は梅仙人として、「ここ一四～一五年、医者も病院も関係なし！」とのたまっておりますが、どっこい、幼少の頃は赤痢にかかって死にかけ、その災いか胃腸が弱く、胃痙攣もしょっちゅうで、遠方に行くときはカバンの中にお守りの抗痙攣薬を入れるほどでした。おまけに気管支喘息を親から譲り受け、アトピーにまで悩まされる始末。

六〇代のある日。車を運転していたときのことです。いつもの症状が出て、咳が止まらず、一瞬、目の前が真っ白になり、意識が朦朧としました。夕闇迫るなか、頻繁に行き交う大型トラックにあわや激突。お互い急ブレーキで止まり、相手側から大声でお叱りを受け、体調を理由に弁解すると、「そんな持病があるなら免許証を早く戻せ」と一喝されてしまいました。

そのときから、薬に頼るより、自分の体質を変えなければいけないと思うようになったのです。

思い出した祖母の実践　梅干しの黒焼き

私の祖母は明治、大正、昭和にかけて長く生き、一〇二歳でこの世を去りました。この祖母が医者のない時代、何かにつけて梅干しを焼いて活用していたのを思い出し、脳裏から記憶を引っ張り出して、まずは試してみました。三年ものの梅干しをアルミホイルで包んで焼いたり、フライパンにフタをして焼いたりしながら、とうとう薪を焚いてセラミック鍋で三時間あまり蒸し焼きにする方法にたどりつきました。これならタネの芯まで真っ黒く焼けます。いろいろと試行錯誤を繰り返しているうちに、いつの間にか一四～一五年の月日が流れていました。

二四時間 タネをしゃぶってみた

風邪や気管支炎を防ぐには、口の中に雑菌をはびこらせないように心がけることが肝心です。まずは二四時間、黒焼き梅のタネを口に入れてみました。就寝中にタネが気管に入ったら、そこでお陀仏になる危険があると言われながら、実験。就寝中、咳が出た直後、タネを素早く口から取り出す機敏さが必要です。これまで四～五回の危険は経験したものの、一晩も欠かすことなく、現在に至っています。ただ、人様にはおすすめできません。寝る前や途中で目が覚めた折には、梅茶（黒焼き梅を粉にして、お茶に混ぜたもの）を飲むのがいいと思います。

近頃は口中に雑菌が繁殖しないのか、痰がまったく出なくなりました。というより、痰が出ることすら忘れています。肺に菌が侵入しないように防御し

黒焼き梅の作り方

❶干す

梅干しを水洗いして、水を切り、ハウスの中などに広げる。カラカラになるまで干す

❷焼く

干した梅干しをセラミック鍋に入れ、薪で３時間ほど蒸し焼きにする（途中でかき混ぜる）。薪は梅のせん定枝を利用

❸砕く

黒焼き梅をひき肉用のミル（手前の機械）にかけて、粗く砕く。続いて穀物などの製粉機（奥の赤い機械）へ。タネごと細かい粉になる

なくてもよくなったのでしょう。子どもの頃からこれと似たようなことをしていたら、虫歯もできなかったのかもしれません。

朝昼晩、ご飯に黒い粉をふりかける

若い頃、歯ブラシを口の奥に入れて磨こうとすると、ゲッとえずいていました。医者に肝臓に何か問題があると言われ、半年あまり病院に通った経験もあります。風邪やインフルエンザがはやり始めると、のどをやられて、真っ先に医者のところへ飛んでいったものでした。

今はのどに痛みを感じたら、黒焼き梅の粉を箸の先端につけて、患部に塗っています。一〇分ほどで痛みが軽くなります。これも祖母の教えです。『掌中妙薬集』など、大昔の書物にも書かれています。

この黒焼き梅の粉は、朝食、昼食、夕食で必ずご飯の上にふりかけます。そのうえ、コンブ、みりんで煮た梅干しも食卓に並びます。もちろん、野菜、魚、ときには肉もいただきますが、糖質、タンパク質、脂肪を効率よくエネルギーに変換するには、梅の持つクエン酸の力を借りたクエン酸サイクル（体内燃焼システム）が欠かせないのです。

「人間モルモット」で梅の効果を日々実感

子どもの頃から胃腸が弱かった私も、今は不具合を感じません。また、ピロリ菌保持者でもあるのですが、梅の持つ梅リグナンがピロリ菌の活動を抑えてくれています。

酒の飲めない私は大の甘党です。家内に叱られながらも、どら焼きを食べすぎては胸焼けを起こし、その都度、塩分薄めの黒焼き梅（梅干しと青梅を混ぜて蒸し焼きにしたもの）の粉を三～四g口に入れています。梅に多く含まれるカルシウムがイオン化して、胃酸を中和してくれるのです。もし逆流性食道炎で苦しんでいる方がいらっしゃったら、これで一時的に抑えられるはずだと思っています。

ところで、ここ三カ月ほど、マドロスパイプに黒焼き梅の粉を詰めて、四六時中くわえて吸っています。すると、鼻が詰まっているときでも、鼻孔の奥までスカッとします。口臭が消えてしまうことも経験済みです。大便は黒くなります。

今後も梅を食らって、人間モルモット役を存分に続けていきたいものです。

現代農業二〇一六年七月号

焼く、燻す、発酵……
梅パワーの引き出し方

熊本県・崇城大学薬学部● 村上光太郎

梅干しはシソでパワーアップ

▼梅はもともと薬として伝来した

梅は中国から伝来したといわれています。大和朝廷の時代に、青梅を長時間かけて煙で燻した「烏梅《うばい》」と呼ばれる駆虫薬として伝来しました。

中国では梅の薬としての利用は駆虫薬だけでしたが、日本ではその後平安時代に、梅干し入りの昆布茶を飲んで病気を治した記録があります。その頃日本ではすでに、梅を塩に漬け、その後シソに漬ける今の梅干しが作られていたのです。

▼塩漬けで解毒、落ちた薬効をシソで補う

それではなぜ、梅は塩に漬けられたのでしょうか。それは塩で解毒効果をねらったのです。

梅の青い果実は青酸配糖体を含むため多量に食べると危険です。そんな梅も塩漬けにすることで解毒でき、安全な食品に変えることができたのです。

しかし、塩漬けで解毒した分、梅の薬としての効果も少し弱まります。そこで漢方の考え方を取り入れ、効果を増強するためにシソを加えたのです。なぜシソだったかはその名の由来を知れば納得できるでしょう。

昔、まだシソに名前がついていなかった時代の話です。旅人が道端で倒れました。呼吸はしていないように見え、顔色は白く、指を当てても脈も触れません。皆はそれを見て、行き倒れであると判断しました。いや死んだと思ったのです。

そこに通りかかった一人の僧が、道端にあった紫色の植物の葉をとりました。もんで汁を出し、唇に塗っていると、しだいに口が開き、その口に汁を搾り込んだのです。そうすると、真っ白だった顔に赤味が戻り、脈も触れるようになり、元気になったのです。そこでこの紫色をした植物を「紫色の蘇生させる植物」という意味で、「紫蘇生」と名付けたのです。しかし紫蘇生をもっと簡単にということで、紫蘇＝

シソを加えた梅干し
（撮影：小倉隆人）

シソになったのです。

その後、時代が過ぎ、紫色のシソも、青いシソも効果が同じであることがわかり、色をつけるときや薬として使うときは赤（紫）シソを、色がついてはいけないときや食事のときは青シソを使うようになりました。

だから、夏の朝など元気が出ないときに、海苔の上にご飯を置き、その上に青ジソを千切りにしてマヨネーズと醤油で味をつけたものを置き、端から巻いて食べると元気が回復してきます。これがシソの薬効です。

焼き梅干し

梅干しはこのシソを青梅の塩漬けに入れて効果を増強したものなのです。

梅干しは焼いて食べるべし

▼ムメフラール成分で血流がよくなる

さてその梅干し、毎日一個以上食べていると健康長寿を約束されるといわれていますが、食べ方でもっと効果を増強できます。それが、焼き梅干しです。

梅干しの表面が真っ黒くなるほど焼いて食べるだけ。こうすると、梅干しの数倍の効果になります。

それは、加熱によって梅に含まれているクエン酸と糖が結合し、ムメフラール（5―ヒドロキシメチルフルフラール）という成分に変わるからです。このムメフラールは血小板凝集抑制効果があり、血液の流れをよくし、血液をサラサラにする効果があります。

梅干しのタネは丸飲みを

▼タネが食物繊維に変わり、便秘解消

さて、梅干しを食べたら、そのタネをどうしていますか。タネを丸飲みすると、便秘が解消できます。強烈な便秘の人は朝夕一個ずつ、ふつうの便秘の人は朝一個を一～三日飲み続けると、快食快便に変わります。

でも、梅干しのタネを飲もうとしても、どうしても飲み込めない人もいます。梅干しよりもっと大きな塊のお菓子やケーキなどはいつも飲み込んでいるのに、梅干しのタネだとのどが狭まり、飲み込めない。そんな人のために一工夫です。納豆をよくかき混ぜて泡を立て、その中に梅干しのタネを入れてよく混ぜます。納豆と一緒に口に入れて飲み込んでみてください。気がついたら梅干しのタネが胃に納まっているでしょう。納豆のヌルヌルでのど越しがよくなるのです。一度飲めれば、あとは比較的簡単に飲み込めるようになります。

飲み込んだ梅干しのタネは、胃や腸で溶けてお茶碗一杯分の食物繊維に変わります。これが便となって排泄されるため、便秘解消の立役者となるのです。

▼仁を毎日一〇個食べると長生きできる

さてこのタネ（核）の中の種子から皮を取り除いた仁の話です。福岡県に太宰府天満宮ができる前、そこには武蔵野寺というお寺がありました。その

梅酢漬けにした梅の仁

寺の八代目の住職は「筑紫野仙人様」と村人に慕われていました。ところが、このお坊さんは非常に体が弱く、長生きはできないであろうと思われていました。しかし熱心なお坊さんで、一生懸命お勤めを果たしていると、目の前に観音様が現われ、「梅干しのタネの中の仁を毎日一〇個ずつ食べ続けると長寿が約束される」と言われました。そこで、お坊さんは考えました。毎日梅干しのタネが一〇個必要ですが、その果肉一〇個分までは当然食べることはできません。捨てるのは仏の道に合いません。もったいない。そこで、お坊さんは梅干しのタネだけを手に入れるため、村人にお触れを出しました。梅干しのタネを一升枡に山盛り一杯を寺に持ってくれば、春に青梅を一升枡に山盛り一杯あげることにしたのです。そのため、寺では周囲にたくさんの梅の木を植えました。

　お坊さんはタネを割って中の仁を食べたのでしょう。八〇歳を超えて長生きしたといわれています。当時は人生三〇～四〇年といわれていた時代ですから、本当に長寿だったといえます。

　数代後に、武蔵野寺は戦火に遭って焼失したため、その地を離れ、その跡に太宰府天満宮が建っています。しかし名残は残っており、天満宮には今でも梅干しのタネを入れるセメントの箱が置かれています。ときどき近所の住民が梅干しのタネを袋に入れて置いているのが見られます。

酸っぱい梅肉エキスは炭酸割りで

▼強い病原菌は殺し、腸内常在菌は殺さない

　青梅を梅干しにしたのは古い話ですが、明治二十五年には築田《つくだ》多吉氏が、青梅の搾り汁を日光で乾燥させる方法を発表しました。その後、築田氏は大正十四年頃に「赤本　実際的看護の秘訣」に、すりおろした青梅の汁を煮詰める梅肉エキスを紹介し、世に広めました。青梅には青酸配糖体が入っており、たくさん食べると腹痛を起こしたり、のどがイガらくなったりしますが、その青汁を煮詰めると非常に抗菌性の強い薬ができるのです。

　梅肉エキスは赤痢、疫痢、コレラなどの急性熱性伝染病に対しても有効で、驚くほどの効果です。その効果はすべての菌を殺す今の抗生物質などとは異なり、病原性の強い病原菌には効果が強く、腸内常在菌は殺さないので、たくさん続けて飲んでも害が出ないのです。

　とはいうものの、この梅肉エキスは酸っぱくて飲みにくいものです。カプセルなどに入れて飲むのもよいですが、夏の清涼飲料水として炭酸割りにするとおいしく飲め、疲れがとれます。食中毒や伝染性疾患の感染も防げます。

　この効果をさらに強化した飲み物もあります。梅肉エキスとメナモミの刻んだ生葉をミキサーでドロドロにし、ハチミツを加えたものをカレースプーン一杯コップにとり、炭酸水で割るとおいしい飲み物になります。これを飲むと動脈硬化が防げ、その後遺症の改善や全身不随の解消にも役立ちます。

青梅を煙でじっくり燻す

▼ミネラルを含む烏梅で痛みが止まる

　日本に梅が烏梅として伝来した当時は駆虫剤として利用されていましたが、しだいに鎮咳、去痰、解熱、解毒作用など多くの効果が見つかりました。さらに鎮痛効果もあるとわかり、鎮痛剤としても使われるようになりました。

　烏梅は、草木を燃やした煙で青梅を燻して、煙を吸わせられるだけ吸わせたものです（作り方は25ページ参照）。

梅肉エキスの炭酸割り。小さじ半分の梅肉エキスを熱湯で溶かし、砂糖かハチミツを小さじ1杯入れて氷で冷やす。そこにサイダーを注ぐ

草や木を燃やして出た煙は、水蒸気のまわりに植物中のミネラルがくっついたもの。これが梅の表面につくと、梅のクエン酸やリンゴ酸などと結合してクエン酸カルシウムなどができ、梅の中に入ります。こうして多くのミネラルを取り込ませたものが烏梅です。

私たちはミネラル不足になると痛みを強く感じるようになります。そのため、ミネラルを多く含んだ烏梅が鎮痛剤として使われるようになったのです。

梅酒は一年で飲むべからず

▼本当の梅酒は漬けて三年目から

ところで、青梅を焼酎（ホワイトリカー）やウイスキー、ウオッカ、ジンなどのお酒に漬けて作る梅酒も体によいものです。ただ、漬け始めてから半年や一年で梅を取り去り、液だけをそのまま置いている人がいますが、梅のタネの仁の成分が出ていないと本当のうまさや薬効は得られません。仁の成分を出すには、せめて三年から五年は梅を入れたままにしてください。いや、そのまま梅を入れて長く置けば置くほどおいしい梅酒になります。

また、最初から砂糖や氷砂糖を入れる人がいますが、薬効を考えると、飲み始める一年前頃に入れるほうが、効果の強いおいしい梅酒が作れます。

青梅を発酵させる

▼ニキビも傷もあとが残らない!?

最後にもう一つ、人間の皮膚の再生力を高める梅の活用法です。

私たちは皮膚に傷を受けると、それがニキビやおできなど内的な要因でも、外傷などの外的な要因でも、少なからず傷痕が残ります。傷を残さないために、女の子が生まれたら桐の木を植え、桐の葉の止血効果で傷痕が残らないようにした歴史もあります。止血が早いと傷痕が残らないのは、海でケガをした場合を考えれば理解できますね。海では、海水中に含まれるマグネシウムやナトリウム、カルシウムの効果で止血が早く、傷痕は残りません。

ここで紹介するのは、残ってしまった傷痕でも消すことができる方法。徳島県の農家に伝わる家伝薬です。この家では江戸時代、切り捨て御免の状態の人の切り傷の薬として使っていたのですが、そのうち傷痕も消えることがわかり、販売もしていたそうです。明治に入って切り捨て御免がなくなると今度は火傷の薬として売っていました。

この家伝薬とは梅の発酵液です。私はその発酵液をもらい、胃潰瘍で実験してみました。胃潰瘍には精神的に起こるものと、刺激によって起こるものがあり、それぞれまったく別の医薬品で治療されています。野山の植物では、たとえばストレス性の潰瘍には竹の汁すなわち竹瀝《ちくれき》が効き、薬物刺激による潰瘍にはアカメガシワが効きます。これを逆に使うと効果がありません。ところが、この梅の発酵液で両方が治ったのです。ひょっとして、これはそうとう面白い素材ではないかと考え、今発酵液を作っているところです（作り方は次のページを）。

現代農業二〇一二年七月号

薬効は完熟梅より青梅のほうが高い
（撮影：黒澤義教）

傷痕が消える！梅発酵液の作り方

熊本県・崇城大学薬学部●村上光太郎

豪農に伝わる家伝薬の一つ

今、世の中は発酵食品ブームで、塩こうじ、ヨーグルト、甘酒……いろんなものの発酵液に注目が集まっています。その走りといえば少し変ですが、江戸時代から利用されていたものに梅の果実の発酵液があります。

筆者（撮影：黒澤義教）

私がこの発酵液の存在を知ったのは、徳島大学勤務時代に、民間薬調査で徳島県A町の農家を訪れたときでした。

その農家は、昔は豪農だったそうで、今でも家の構えは立派でした。その家にはおばあさんと小学生の子どもしかいませんでしたが、いろいろな薬草を教えてもらいました。ふつう一軒で二〇～三〇種類聞ければ多いほうですが、その家では五〇種類。そのなかに梅の発酵液があったのです。面白そうなので、詳しく話を聞こうとしたのですが、「詳しくは息子に聞いてくれ」「夕方六時頃には帰るから」ということで、いったん引き揚げました。

火傷の特効薬になる

ところが、忙しい私の代わりに研究室の学生さんが夕方聞きに行くと、その息子さんは「うちにはそんなものはない」「知らない」の一点張り。結局、手がかりがなく帰ってきました。あんなに親切に教えてくれていたおばあさんも、「知らない」と言ったとのこと。

次の日、そのことを聞いた私は夕方六時にその家に行き、教えてくださいと言ったのですが、やはり「知らない」と言われました。私が「いや私たちは徳島大学の植物研究部のもので、私は大学に勤めているのです」という話をすると、「えっ。県の薬務課の人ではないのか」という声が聞こえました。よく話を聞くと、学生が白衣で行ったので、「これは県から調べに来たのだ」と勘違いしたそうで、薬事法違反で取り締まられるのではと防御線を張っていたのでした。その農家は梅の発酵液を火傷の特効薬として販売もしているそうで、薬務課は鬼門なのでした。

切り傷が治り、傷痕が消える

その農家に梅発酵液の経緯をたずねると、江戸時代は切り捨て御免の時代だったので、切られて死んだり、傷痕が残ることが多かったとのこと。そこで、傷口を早く治したり、傷痕を残らなくしたり消したりできる梅発酵液を販売していたそうです。ところが明治時代になり、刀で切られることもなくなり、売れなくなったので、今度は火傷の薬として販売し始めたそうで、やはりよく効くと評判とのこと。だからこそ、薬務課が天敵だったのです。

消炎作用と抗潰瘍作用があった

そういう事情がわかると、ぜひともその研究がしたくなり、その発酵液をもらい、研究することになりました。

切り傷が治り、傷痕が消せ、火傷も治るとなると、梅発酵液には消炎作用あるいは抗潰瘍作用があるのではないかと考えました。まずカラゲニン浮腫抑制作用を調べ、効果ありとわかり、消炎作用も確認できました。

次に、傷が早く治るということから抗潰瘍作用を想定し、拘束水浸ストレス潰瘍とアスピリン潰瘍の実験をしました。一般に、両方の潰瘍に効く医薬品はなく、どちらかに効果が見られるものですが、実験した中で、この梅発酵液は両方に効果があり、驚きました。

梅の発酵液の効果は多岐にわたることがわかり、非常に面白いものだったのです。さらに、この液にガーゼを浸し、毎日取り替えながら一カ月貼り続けると、傷痕も見えなくなる場合が見られ、その効果に驚きました。

梅発酵液の作り方

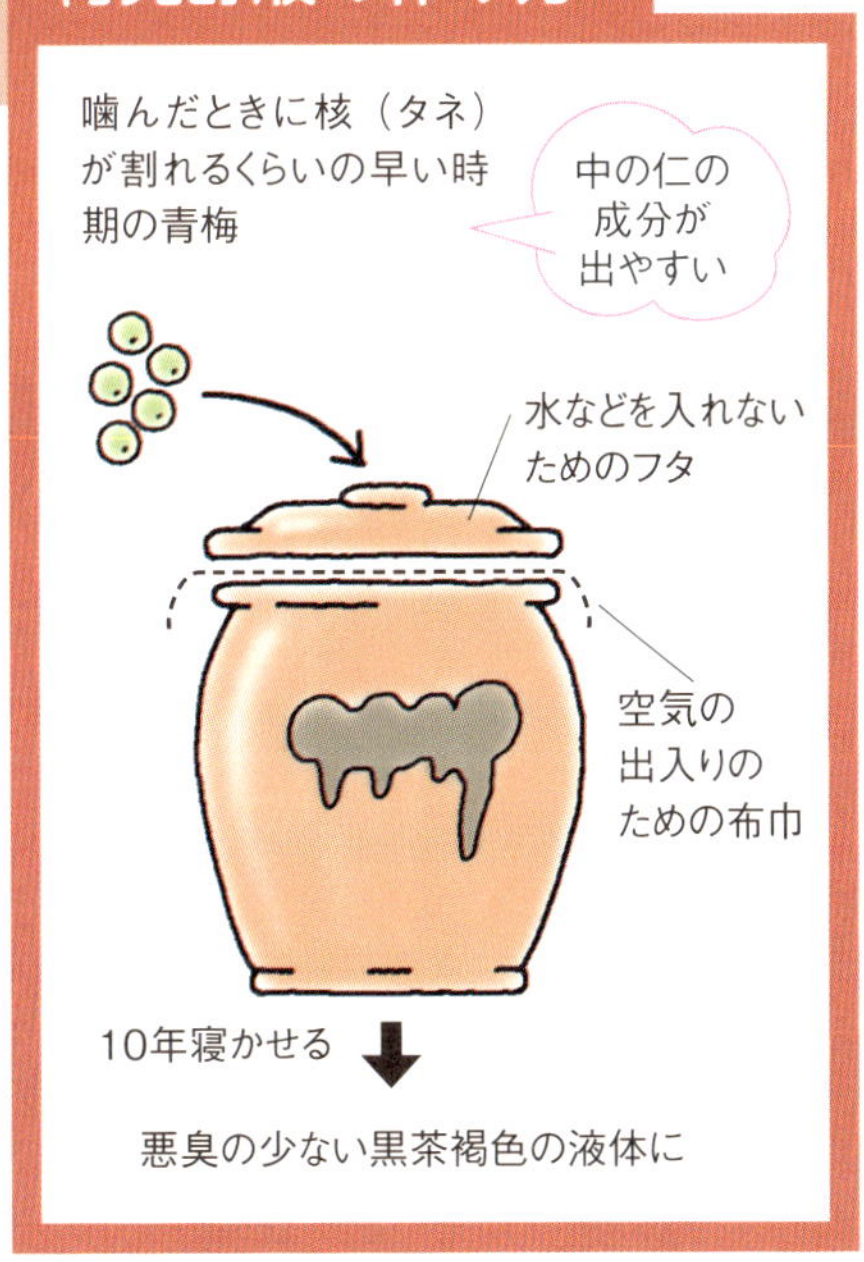
噛んだときに核（タネ）が割れるくらいの早い時期の青梅
中の仁の成分が出やすい
水などを入れないためのフタ
空気の出入りのための布巾
10年寝かせる
悪臭の少ない黒茶褐色の液体に

噛んだら核が割れるくらいの早い時期の梅を使う

さて、その作り方ですが、梅の未熟果実を一〇年間寝かせて発酵させます。

その農家によると、梅の実は開花後、成りすぎると実が小さくなるので、摘果果実を基本にし、自然落果する未熟な果実も使うということでした。

私は、それでは量が集まらないので、少し大きくなり始めた果実も採集して入れることにしました。その目安は、「青い果実を噛んだときに中の核が簡単に割れるまでの早い時期のもの」としました。採集が遅くなって核が割れない梅はいつまでも塊のまま溶けず、結局中の仁の成分が出ないからです。簡単に割れる核は、発酵するうちに溶けて見えなくなります。

梅以外は何も入れない

容器にはこの梅の実だけを入れます。口には布巾をかけ、その上からフタをして倉庫に放置する方法をとりました。

ここで注意しなければならないのは、他には何も入れず、果実だけを発酵させるということです。果実以外のものを入れると、別な発酵になってしまい、効果が出にくくなってしまいます。

最初の数カ月は変化が見えないが、しだいに果実の色が変わり、それからさらにしばらくすると、一部の果実から液が出てきました。数年すると真っ黒い液でドロドロの状態になります。

その農家はそのまま一〇年放置してろ過するとのことで、私たちも一〇年経ったものを布でろ過したところ、黒茶褐色の梅発酵液が得られました。

同様な色の液は五～六年でも得られます。早くとれば悪臭が残るが、一〇年過ぎると悪臭が少しましになります。その農家はたぶん悪臭が少なくなったものを利用していたのでしょう。

現代農業二〇一三年七月号

体の痛みがとれる 烏梅《うばい》の作り方を公開

岐阜県飛騨市●塚本浩輝

人間にとって、痛みほど苦しいものはありません。私のまわりでも、あちこち痛い、痛いという人がたくさんいます。治療はなかなか困難です。現在は各種の鎮痛剤が開発されていますが、強力な鎮痛剤は副作用が心配です。

私が烏梅を知ったのは、九年くらい前でした。私の住む古川町で薬用植物調査が行なわれました。調査してくださったのは、薬学博士の村上光太郎先生です。烏梅は手作りの鎮痛剤で、青梅を燻製にして作ると教えていただいたのです。

これが烏梅。村上先生によると「烏梅とは、アルカリ性である煙（ミネラル）を、酸性の青梅の中に吸収、蓄積したかたまり」

もともと山や山菜が好きだった

私が鎌倉からこの飛騨に引っ越してきたのは、一三年前でした。私は中学校の頃まで、こちら（古川町）にいましたので、不安感はありませんでした。

私は薬草のことはあまり知りませんでしたが、もともと山や山菜が好きで、先生に会う前から自分なりにドクダミ、ヨモギ、オオバコ、ゲンノショウコなどを乾燥し、煎じて飲んでいました。

烏梅のことを聞いた私は、さっそくその効果を確かめたくなり、先生からいただいた本にしたがって作ってみることにしました（作り方は次ページ）。

ブロックの上の網で青梅を燻しているところ

コップ半分ずつを一日三回に分けて飲む

烏梅は、一日五～六粒を煎じて飲みます。烏梅五～六粒をヤカンいっぱいの水に入れ、火にかけ、水の量が半分になるまで気長に煮詰めます。本当に酸っぱい。これをコップ半分ずつ一日三回に分けて飲みます。胃の調子がおかしくなるので一度にたくさん飲まないこと。

肩から背中の痛みがとれた

実際に飲んでみると、たしかに体の痛みがとれます。

妻の友だちのご主人が、長い間肩から背にかけて痛みがあり、病院でも治らず、何か良い治療方法がないものかと相談を受けました。私は、烏梅を煎じて飲み続けることをすすめました。

三カ月くらい経った頃、その友だちから連絡があり、痛みがとれて効果があるようなので、また来年も作ってほしいと頼まれました。

手術前も後も股関節が痛まない

私の妻も、股関節の痛みで我慢できない状態になり、手術をしないと治らないと言われました。信頼できる病院を探し、神奈川県の茅ヶ崎市にある病院に決め、連絡を取ったところ、一年待たないといけないと言われてしまいました。妻がどうしてもその病院の先生に手術をしてもらいたいと言うので、一年間待つことにしました。

その間、痛みを止めるために、烏梅を毎日煎じて飲むことにしたのです。一年飲み続けたせいかどうかわかりませんが、あまり痛いと言わなくなり、私も安心しました。その後、ついに手術の日。麻酔を打ち、手術室に入って三時間くらい経った頃に手術終了。「麻酔が切れると痛みが出ます」と言われていましたが、麻酔が切れても痛みが全然ないと言うのです。看護師さんも「不思議ですね」と言われました。私は烏梅を飲んでいたおかげだったのかなと思っています。

私もときどき、右足が痛くなったり、雪おろしのあとに腰が痛くなったりすることがありますが、すぐに烏梅を煎じて飲むと痛みが和らぎます。

今年も来年も、体の続く限り、烏梅作りは続けたいと思っています。

現代農業二〇一一年七月号

塚本さんの烏梅の作り方

烏梅作り。草木を燃やした煙で青梅を燻して乾燥させる

❶ できるだけ大きい青梅を使う

まず梅は、緑色の青梅を使う。5〜6月にスーパーなどで売られている青梅で、できるだけ大きくて粒の揃ったものを選ぶのがよい。キズがついたものは燻しているうちに成分が抜けてしまうので、できるだけ使わない。

薪を燃やすので、火には気をつける。煙も舞い上がるので、民家の密集しているところで作るのは適切ではない。

❷ 灰水で一昼夜、アクを抜く

ワラ灰か木灰を入れた水に青梅を入れ、一昼夜浸し、アク抜きをする。

❸ １ mの高さのところで燻す

梅はブロックで作った囲いの上で燻す。

囲いの高さは１ｍ、幅と奥行きは 30㎝程度でよい（青梅の量にもよる）。

ブロックの上に金網を置き、アク抜きをした青梅を上の写真のように並べ、薪の煤煙で下からゆっくり燻す。このとき、火が直接青梅に当たらないようにし、煤煙だけで燻す（網を１ｍの高さにするのがコツ）。煤煙の温度は、手をかざすとお風呂の湯程度に感じられる 40℃前後に保ち、高温にならないようにする。

❹ 裏返しながら６日ほど続ける

火は日中、絶対に消さないようにし、１日 10 時間以上は燃やし続ける。２日くらい燻蒸すると、青梅は黄褐色に変わり、しわしわになる。途中、ときどき裏返して全体が黄褐色になるようにする。

３日くらい燻蒸すると、徐々に梅が黒くなってくる。完成するまで、何回も裏返す。

６日間ほど続けると、黒く光沢があり、肉厚の烏梅ができあがる。においをかいだとき、煙のにおいがしては良い仕上がりとはいえない。酸っぱいにおいがするものがよい。

活力アップ、夏バテ防止に
発酵梅ジュース

静岡県袋井市●山本礼子

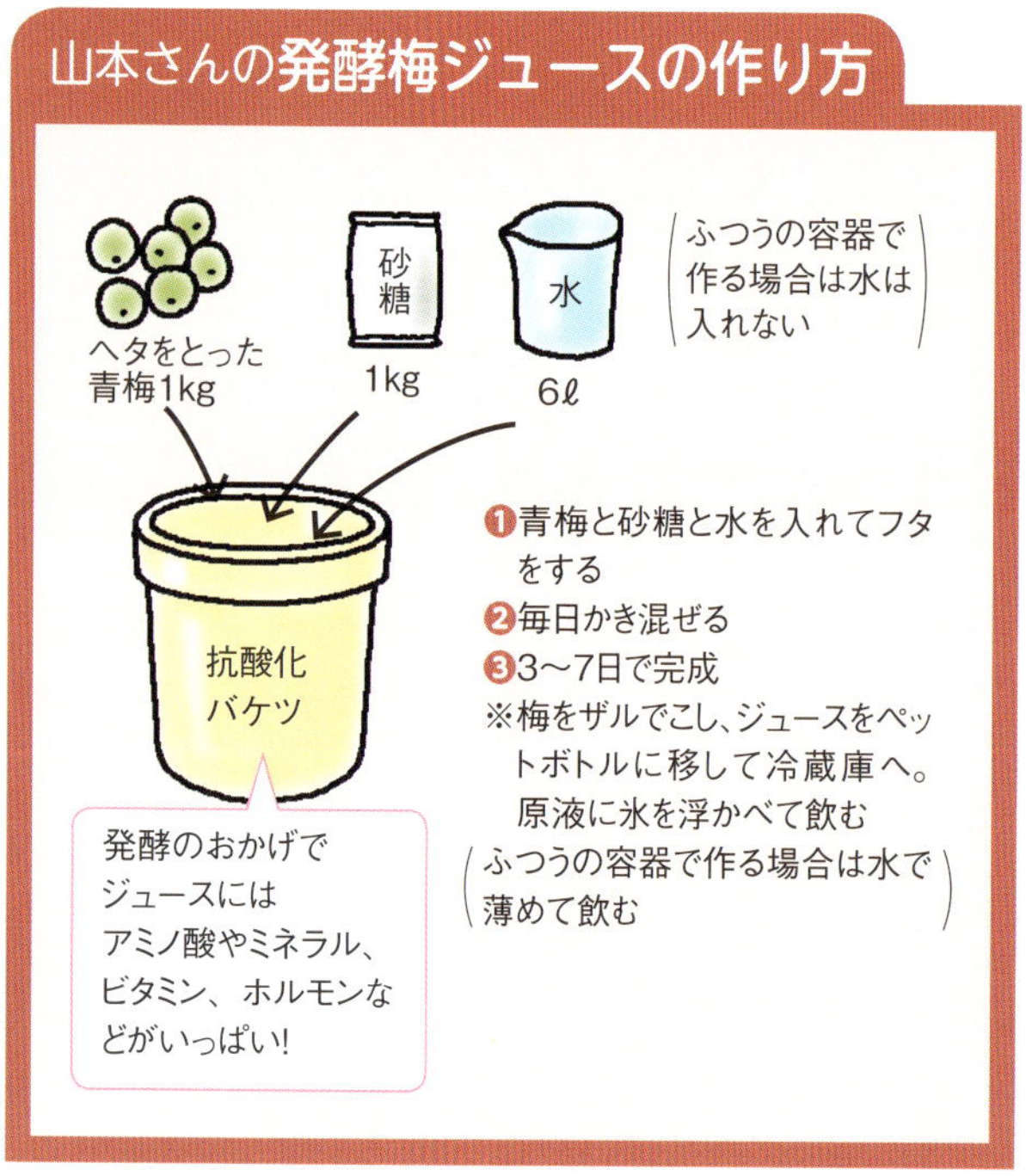
山本さんの発酵梅ジュースの作り方
ヘタをとった青梅1kg
砂糖
1kg
水
6ℓ
（ふつうの容器で作る場合は水は入れない）
抗酸化バケツ
❶青梅と砂糖と水を入れてフタをする
❷毎日かき混ぜる
❸3〜7日で完成
※梅をザルでこし、ジュースをペットボトルに移して冷蔵庫へ。原液に氷を浮かべて飲む
（ふつうの容器で作る場合は水で薄めて飲む）
発酵のおかげでジュースにはアミノ酸やミネラル、ビタミン、ホルモンなどがいっぱい！

体に活力が出て夏バテしない

わが家では、ここ五、六年、健康のために発酵梅ジュースを手作りしています。これを飲んでいるせいか、体に活力が出て夏バテしません。サッパリしたすこぶるおいしい飲み物で、夏の畑仕事には欠かせません。

ジュワ〜ッと梅サイダー!?

作り方はいたって簡単。ヘタをとって洗った青梅一kgに対し砂糖一kg、水六ℓをバケツに入れ、長いスプーンで毎日かき混ぜます。最初は甘いだけだった液体が、二日目くらいから泡立ち始めて酸味を帯び、味が濃くなります。三〜七日ほどでジュワ〜ッとした、サイダーのような飲み物のできあがり。

梅はザルでこし、ジュースをペットボトルに移して冷蔵庫で保管します。発酵が続くので、ペットボトルのフタはときどきゆるめてガスを抜きます。ガラスビンで保存すると割れます。水筒に入れてフタが開かなくなったこともあったので注意が必要です。残った梅は梅ジャムにしています。

抗酸化バケツを使う、ふつうの容器の場合は水は入れない

ちなみに私が使っているバケツは、エコパラダイスペールまたはいきいきペールという、発酵促進効果のある抗酸化バケツです。このバケツは素材に抗酸化物質を加工してあるおかげでモノが酸化（腐敗）しにくく、空気中の善玉菌を取り込んで発酵を促すといわれていて、味噌も二カ月でできあがります。

いきいきペール
20年間無農薬茶を栽培している筆者と発酵梅ジュース作りに使う抗酸化バケツ

もちろん、ふつうのバケツでも（どんな容器でも）発酵梅ジュースは七日くらいで飲めるようになります。ただし、腐りやすいので水は入れません。

発酵は体によいことだらけ！　自分で作れば無添加。防腐剤も必要なし。酵素パワーで腸もきれい！　飲んだあと、なぜかお腹が温かくなりますよ。

現代農業二〇一三年七月号

栽培ハウスでの熱中症対策に スポーツドリンクに梅干し一つ

高知県安芸市●小松弘延

体が求める塩加減に

わが家の夏ドリンクといえば、市販のスポーツドリンクに梅干しを一つ。ただそれだけである。

南国高知の安芸市でナスを六月いっぱいまで収穫するため、この時期の日中の栽培ハウス内はサウナのようになる。熱中症対策を考えないと、身の危険を感じることもある。暑くなる日中は、なるべく休んだり、小まめに水分をとって塩分も補給することが大切。

そんなときに最適なのが、梅干し入りのスポーツドリンク。ペットボトルや水筒などの容器に梅干しを適当に入れておくと、時間とともに梅から塩分が溶け出し、休憩時には体が求めるちょうどよい塩加減になっている。さらに梅干しを一かじりすれば、ほどよい酸味が疲れをとってくれる。かじった梅干しは、また容器に戻しておく。かじった痕から塩気と酸味が浸み出し、一仕事終える頃には、疲れた体が求めるちょうどよい味になっている。

コップの縁に塩をつけてソルティドッグふうに飲むのも楽しい

ソルティドッグふうも楽しい

ときには、スノースタイルでスポーツドリンクを飲むのも楽しい。スノースタイルは、グラスの縁に塩をつけた飲み方で、ソルティドッグなどのカクテルに用いられている。スポーツドリンクに塩味が加わると、不思議と甘味を中心に味が濃くなり、暑さで消耗した体にちょうどよい塩梅《あんばい》となる。

わが家の夏の仕事にスイカは欠かせないものだが、たまたま切らしていたときに、いつもふりかける塩だけを名残惜しくなめたことが、これを始めるきっかけとなった。

昔は熱中症が少なかった

ところで、わが家の梅干しは、昔ながらの梅干しでとても塩が多い。天日に干しては漬け直しているうちに、表面にはキラキラと塩の結晶が輝いてくる。一kgの梅に対して二〇〇gの塩を使うのだから、昨今の減塩ブームに慣れ親しんだ舌には堪える塩加減だ。

高知という地は大部分が山間地で、その生活を支えていたのが塩を使った食料の保存技術だった。塩のきいた焼きサバや干物、梅干しもその一つである。そうした生活習慣がこの地には細々と根付いているので、多少塩辛いものも気にしない人が多い。山間地で生き抜くために苦労の上に築いてきた食文化だったのだろう。

昔は「日射病」という言葉で一括りだったので比較はできないが、今でいう熱中症のような症例は少なかったように思う。ひとえに塩のきいた食文化のおかげだろうか。いっぽうで、減塩ブームの昨今。生活習慣病を減らす効果は万人の認めるところだが、夏場の塩不足は熱中症を招くことになる。そこはそれこそ「塩梅」というものだろう。

現代農業二〇一五年八月号

梅雨の湿邪をはらう「翡翠煮《ひすいに》」

東方健美研究所●新倉久美子

うっとうしい梅雨は「湿邪」の季節

「のぎ（芒）」のある植物の種をまく「芒種《ぼうしゅ》」は梅雨入り間近の頃。昼間が一番長い二十一日「夏至」は東京では梅雨のさなかです。一カ月も続く日本の梅雨は、うっとうしいだけでなく腰痛、関節痛、むちうち症など、痛みを伴う病にはつらい季節。私もこの時期には首すじや肩のこりからくる頭痛に悩まされます。

これは漢方でいう「湿邪」によるもので、体内に停滞して臓器の機能を低下させます。その影響を最も受けやすいのが消化器官。健康な人でもこの季節には食欲減退、胃痛、代謝機能低下、四肢の鈍重、湿性脚気、精神倦怠などが連鎖的にひき起こされます。そして、皮下組織に体の水分が異常にたまると、むくみ、湿疹、アトピー性皮膚炎の悪化などの症状が表われます。

有機酸・ミネラルが豊富 体内の湿熱をとる梅

夏至の頃は梅の実が翡翠色に輝きます。

梅はその昔、中国から薬として渡来。肝、脾、肺、大腸の働きを助ける「烏《う》梅《ばい》」という生薬として知られます。烏梅は未成熟の梅を藁火の煤煙で燻し、乾燥させたもの。日本では、青梅をすりおろして布でこしとった汁を弱火で黒くあめ状になるまで煮込んで作る内服薬「梅肉エキス」が有名。梅はクエン酸、リンゴ酸、コハク酸など有機酸を多量に含むうえ、A・B_1・B_2・Cなどのビタミン類、カルシウム・カリウム・リンなどミネラルも豊富。

梅は体内の湿熱をとり、下痢、腹痛、二日酔い、暑気あたり、疲労回復、健胃、整腸、肝機能強化、殺菌・抗菌作用など優れた効能があります。強酸性の梅は吸収されて血液に入るとアルカリ性になり、血液をきれいにして循環をよくします。高血圧、動脈硬化予防、胃ガンの予防にも効果的。蒸し暑さによるさまざまな不具合、腐敗に起因する食中毒などの多い梅雨時に、青い実を結実させる梅はすばらしい旬の恵みです。

（器：星野亨斉、撮影：小倉隆人）

魚・肉の脂肪も中和して アルカリ性に

「翡翠煮」は旬の魚に梅酒を加えて炊きあげた一品。北海道の友人が釣って送ってくれた天然のヤマメは姿といい、

翡翠煮の作り方

材料（4人分）

旬の魚（小ぶりのもの）8尾、三温糖（または黄ざら）適量、醤油1カップ、梅酒の梅8個、梅酒1カップ、クコの実少々

作り方

1. 魚は流水で洗い、水気を切って切れ目を入れる。頭やはらわたは取らない。
2. 鍋に分量の梅酒、醤油を入れ、魚は背を上に立てるように並べ、落としブタをして火にかける。（笹があれば鍋底に敷くとよい）
3. 煮立ったら弱火にし、途中で味をみて甘さが足りないようなら三温糖で調整する。
4. 煮汁が3分の2くらいになったら、梅を入れる。
5. 水で戻したクコの実を散らす。

※煮汁が足りない場合は、醤油と梅酒を1：1で増やし、三温糖で甘味を調節してください。

味といい一級品の川魚です。魚だけでなく、肉や野菜も梅酒を加えて煮るとさっぱりとやわらかく仕上がります。

昔の日本人は穀物を粒食し、野菜をたくさん食べて健康を保っていましたが、現代の食生活では肉食と粉食に傾いています。結果、体内に動物性タンパク質と脂肪がたまり、コレステロールが増加、血液が酸性となり、肥満と生活習慣病を誘発しています。この傾向に有効なのが梅。魚・肉の脂肪を中和してアルカリ性に変えます。

体をシャキッとさせて本格的な夏に備えましょう。

現代農業二〇〇三年六月号

梅肉エキスで家族みんな健康

——食あたり・食欲不振にどうぞ

岐阜県恵那市●池戸カネさん

岐阜県恵那市の池戸カネさんのお宅は、家族みんなで梅肉エキスを利用する健康一家です。

カネさんの家には、古くからの大きな梅の木が一本あり、この木から何十kgととれる梅を無駄なく利用して、直売所に出したり、家で梅干しや梅肉エキスにしています。

梅肉エキスは、青梅一kgをつぶして果肉とタネに分け、この果肉をジューサーにかけてできた梅汁を煮ていくとできあがり。これで茶色の梅肉エキスが湯のみ茶碗一杯くらいできます。これを爪楊枝でほんの少しとってなめるだけで、食あたり、食欲不振もスーッと治ります。とくに夏の食欲不振には効果抜群だそうです。

「市販の胃薬より体にいいし、小学校や幼稚園に通う孫も喜んでなめてますよ」と、カネさんは笑って話してくれました。

現代農業一九九九年九月号

梅麦茶で夏バテ知らず

石川県志賀町●出島 豊さん

石川県志賀町に住む出島豊さんは、イネを一三町歩栽培して、しめ縄まで作る農家です。夏の暑い盛りでも、まわりに心配されるほど働きます。しかし当の本人は元気いっぱいの夏バテ知らずです。その秘密は特製の梅麦茶。焼酎に梅干しを入れることからヒントを得たそうです。

コップ一杯の麦茶に梅干しを一つ入れて、つぶして飲みます。梅干しは大きくて果肉たっぷりの南高梅だとなおさらいいようです。

梅のクエン酸は疲労回復に役立ちますし、夏はとにかく汗をかくので水分と塩分の補給にもなります。そのうえ、すっきりと飲みやすい。すべてが揃った特製ドリンク。ぜひお試しください。

現代農業二〇一二年八月号

白梅酢のうがいで風邪も退散

静岡県清水市八木間町（現静岡市清水区）●佐野始子

私は26年前、風邪をこじらせて肺炎になり、死にかけたことがありました。「咳がひとつ出たら飛んで来いよ」と医者に言われておりましたが、長い間、そんなこともなく過ごしてきました。

その後、昭和59年から義父、昭和60年からは義母が入退院、通院の繰り返しで、付き添いの私が風邪をこじらせてたびたび肺炎になりかけました。そしてここ5年くらいは義父の入院と通院がさらに多くなったのです。すっかり怖くなった私は、白梅酢に強い殺菌力があることを思い出して、うがいに利用してみました。

茶さじ1杯から1杯半の白梅酢を、ぬるま湯でコップ1杯に薄めて利用します。朝起きてすぐ、病院から帰ってきたとき、そして寝る前に実行しております。効果はすばらしく、まさに鬼に金棒です。お友だちにも小ビンに詰めて差し上げてたいへん喜ばれております。

白梅酢を白湯で薄めて、お砂糖を加え、お寿司にも利用いたします。是非、お試しください。

現代農業1996年5月号

第2章
おいしい梅干しを作りたい

減塩梅干し（37ページ）

てげてげ梅干し（36ページ）

これならできる！しっとりとやわらかな梅干し

ジップロック®なら、少量でも手軽で安心

愛知県小原村（現豊田市）・西村自然農園●西村文子

西村自然農園においでになる都会のお客さまにもおすすめできる「しっとりとやわらかな梅干し」づくりのレシピをご紹介します。

前年の梅酢を使った梅干し（撮影：小倉かよ）

材料

梅 1kg ／塩 150g ／赤シソ 1 袋（300g、実際に使う正味は 250g くらい）

器材：ジップロック®（L サイズ 1）／バット／重石になるもの 1kg ／必要に応じてビニール袋

作り方

1. 梅をボウルに入れ、水をひたひたに注ぎ、塩を大さじ 1 くらい入れます。青梅の場合は、3 ～ 4 時間漬けてよく洗います。その後、ザルに上げて水気を切ります。塩水を使って洗うと、梅のよごれがおどろくほどよく落ちます。黄色く熟した梅の場合は、塩水に入れてから手早く（青梅のように漬けておかないで）そっと洗ってから、水気を切ります。
2. 梅の水を切っている間に、シソをもんでおきます。太い茎や色の悪い葉を除いてから、洗って水気をよく切ります。シソの重さの 10％の塩で、よくもみしっかりアクを絞ります。もう一度 10％の塩でもんで、アク汁をしっかり絞っておくと、仕上がりの色が美しいものになります。

最初からシソを一緒に漬けると中まできれいに染まる

しっとりとやわらかな梅干しの作り方

〈梅1kgの場合〉

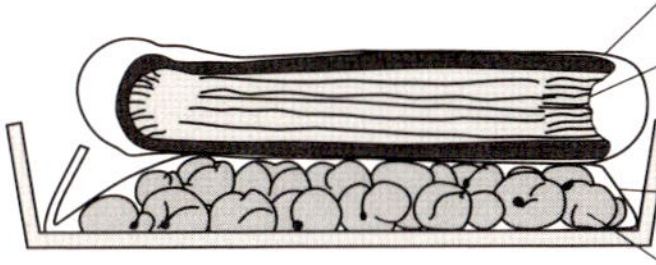
ビニール袋
重い本など
バット
ジップロック®
梅

梅1kgをジップロック®に入れ、重石として同じくらいの重さの本などをビニールに入れてのせる。塩が溶けるように、ときどきジップロック®をそっと揺する

〈梅2kgの場合〉

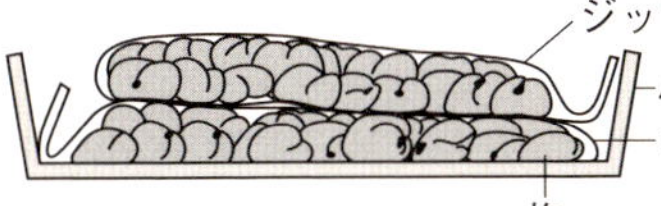
ジップロック®A
バット
ジップロック®B
梅

2kgの梅をジップロック®AとBの2つに入れて重ねる。塩が溶けるように、ときどきそっと揺すったり、上下を入れ替えたりする

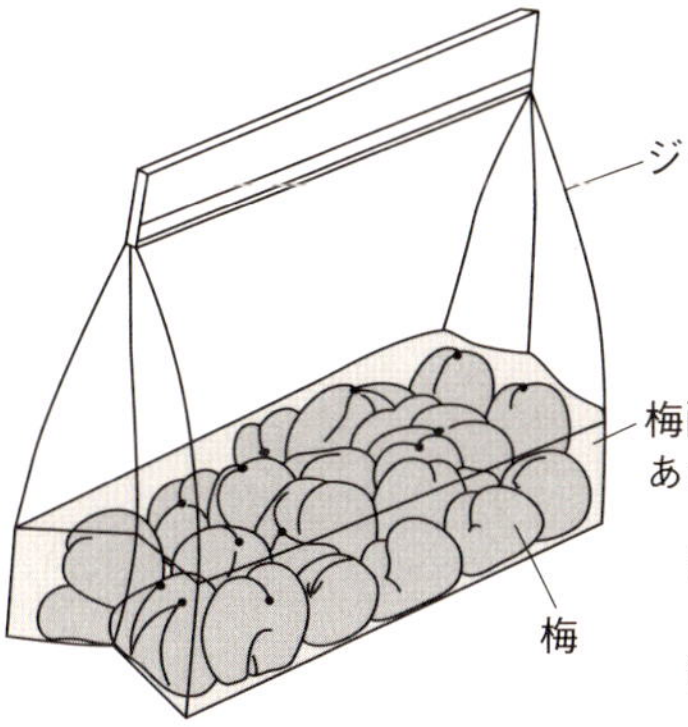
ジップロック®
梅酢が
あがってくる
ジップロック®のマチ
（あそび）を生かして
袋ごと立てておく
梅

❸ 水気を切った梅をボウルに入れて、分量の塩をまぶしてからよくもみます。梅のまわりにしっかり塩がついたら、マチ（あそび）のついたジップロック®に梅とシソを交互に入れていきます。最初からシソを入れておくと、梅の中心まで、まんべんなく美しくシソの色が染まります。ジップロック®に8割くらい梅とシソが入ったところで、空気を押し出しながら、ジップロック®のチャックを締めます。

ジップロック®に入れてから2週間くらいたった梅干し。完熟梅よりもまだ青緑色がかったときに漬けこんだ梅の方が色はきれいになる

❹ 梅酢が漏れたときの用心に、梅を漬けたジップロック®は深めのバットの中に寝かせておくようにします。重石は梅の重さと同じ1kgにしますが、これには塩、砂糖の入った袋をそのまま使ってもよいし、重い本などをビニール袋に入れて使うのもよいでしょう。この場合できれば、同じ1kgの袋を2つ作っておき、交互に重石にすると上の袋が重石にもなるので便利です。
ときどき、梅の入ったジップロック®ごと上下をひっくり返すと、2～3日でたくさん梅酢が出てきます。

たっぷり梅酢が上がったら、ジップロック®のマチを生かして、袋ごと立てておく。

❺ 1カ月ほどで、美しい色に染まります。そのまま、干さずに食べるもよし、袋のまま天日に干してもよしというわけです。
袋から出して、竹ザルに並べ、2～3日干して温かいうちに梅酢に戻すと、皮のやわらかい、しっとりした梅干しになります。

あとは、袋のまま、あるいはガラスビンに移して保存します。3～4カ月経つと味がなじんでおいしい梅干しになります。

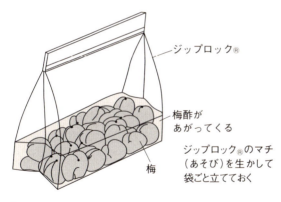

一口メモ **シソ**

添え物にしておくのは もったいないほどの栄養価。 香り成分に薬効あり

撮影：依田賢吾

●**分類**：シソ科シソ属

●**原産地**：ヒマラヤからビルマ、中国中南部にかけて

●**香り・栄養成分など**：青ジソは、ビタミンやミネラル類が多く、特にカロテンとビタミンB_2、カルシウムの量は野菜の中でもトップクラス。赤ジソは、カロテンの量が少ないだけで、ほかの栄養成分は変わらない。さらに、ポリフェノールの一種であるロズマリン酸も含まれており、アレルギー症状を緩和する。青ジソも赤ジソも香り成分ペリルアルデヒドには高い抗酸化作用と防腐効果があり、刺し身やおにぎりなどに添えれば食中毒防止になる

●**品種**：大きく青ジソと赤ジソの２つの品種群に分かれる。それぞれに葉の表面が平らなものと、葉の表面が波打つチリメンがある。また、チリメンとエゴマが自然に掛け合わさってできたウラシソ（カタメンジソ）もある

●**とれる時期**：露地の赤ジソは6～8月、青ジソは7～10月。ハウスでは青ジソ（オオバ）を周年栽培

●**食べ方・利用法**：青ジソは薬味や刺し身のつまなど、赤ジソは梅漬けやシソジュースの材料などに使われる

梅酢でもめばアクが出ない 簡単でおいしい てげてげ梅干し

宮崎県日向市●安藤るみ子さん

てげてげ梅干し。塩分10%で食べやすい。「おいしいから皆にあげて、すぐに食べちゃう」と、直売所での販売はしていない

　ここは、山里に佇む手作り感いっぱいの「田の原直売所」（現代農業二〇一四年九月号三〇九ページも参照）。代表の安藤るみ子さんは、五月中旬～七月にかけて、田んぼや家のまわりに自然に育つ梅の木の下で、今年もせっせと梅の実を拾い続ける。

漬けるのが楽しみになった

「梅の時期になると、もう必死にとっては大量に漬けるの」

　大きいのから小さいの、青いのから黄色いのまで、毎年一〇〇kg以上の梅を拾ってきては漬ける。

「それまでは面倒くさくて振り向きもしなかったけど、この『てげてげ（手抜き）梅干し』の作り方を発見してからは、もう簡単で面白くって、漬けるのが楽しみ」になったのだとか。

シソは酢でもめば、アクがまったく出ない

るみ子さんの漬け方は、塩もみなし、アク抜きなしの、まさに「てげてげ」な方法だ。

塩分一〇％で塩漬けした梅に、赤ジソを合わせる。このとき、ふつうは赤ジソを塩もみし、出てきたアク（泡）を捨てるのだが、るみ子さんは塩を入れずに、柿酢やヘベズ（宮崎特産の柑橘の搾り汁）を入れてもむ。すると、塩もみのときに出るアクがまったく出ないという。

「数年前までは、私も塩もみしてたの。アクは捨てるもんだと聞いてたから、シソをキューンと絞ったあとに出た汁を、二回も捨ててた。すると漬ける液体の量が少なくなるから、空気に触れてカビやすくなる。カビないようにと、塩の量を増やすでしょ。そうすると『しょっぱい』からって子どもや孫が食べてくれなかったの」

実験好きのるみ子さん、アク抜き後に梅酢を合わせると、シソがきれいなピンク色になるのを見て、「最初っから梅酢でもんだらどうなるの？」とやってみると、意外にもおいしい梅干しができたという。

梅酢の代わりに、ヘベズやユズ酢、秋に仕込んだ柿酢を使っても、きれいな色になった。赤ジソから出る汁（水分）を捨てず、さらに果実酢も加わるのだから、液体の総量は増して梅が空気に触れることもない。こうして、塩分一〇％のみでカビない減塩梅干しができたのだ。

「一度やってみると、簡単でビックリしちゃうから。もうアクを捨てるなんてもったいなくて、できっこない」のだとか。

右が安藤るみ子さん。この日は姉の幸美紀代さん（左）と、妹の河野美穂香さんとの3姉妹で店番

アクの正体って何？

赤ジソを塩もみしたときに出てくるアクとは一体何だろう？

「あれはアクではないと思う。シソジュースを作るときにはアク抜きせずに、煮出した液をそのまま使うし……」とるみ子さん。

食べ物研究家の小清水正美先生に聞いてみると、赤ジソにはアントシアン色素が多量に含まれるが、その他のポリフェノール類やクロロフィルなども含まれる。塩もみとアク抜きは、浸透圧を利用してこれらの成分を取り除き、アントシアン色素のみを残そうとする工程のようだ。

それに対して、るみ子さんたちが目指すのは「食べてくれる梅干し作り」。色鮮やかで塩辛い梅干しよりも、多少色ムラはあったとしても、食べやすくて家族が喜ぶ梅干しを作ろうという考えだ。

また、アクの正体であるポリフェノール類などは、近年注目される健康成分でもある。実際にアク抜きしないことで、健康効果が増すかどうかは、ちゃんと検証しないとわからないようだが、まあ、そこは「てげてげ（適当）」に。シソの成分もまるごと体に取り込み、ラクでおいしく元気になれる。いっぱい漬けていっぱい食べたくなることが、「てげてげ梅干し」の健康効果と考えてみてはどうだろう。

てげてげ梅干しの作り方

材料

梅 2kg ／塩 200g ／赤ジソ 2 把／柿酢などの果実酢 約 200mℓ

作り方

❶ 梅の実を洗って軽く水切りし、容器に入れて塩を加え、よくまぶす

❷ フタをして涼しいところに置くと、1 週間ほどで梅酢が上がる

❸ 茎からもいだ赤ジソの葉に柿酢を加え、体重をのせてギュッともむ。鮮やかな色に変わる

←これくらい色が出たらＯＫ

❹ 塩漬け梅の容器に、❸の液体をシソの葉ごと加える

❺ 2 カ月ほどでまろやかな味に。食べる直前、天日に 1 日当てるとさらにおいしくなる。削り節や醤油と合わせてたべるのもよい

＊赤梅酢は水で割って飲むと夏バテ対策になる。ラッキョウやショウガを漬けてもおいしい

少年野球チームに梅干しの差し入れ

るみ子さんはこれを、孫たちの所属する少年野球のチームに差し入れする。疲労回復効果も期待し、試合の合間に一つまみ、おやつ代わりに食べてもらうのだ。子どもたちは「やったー！」と声を上げて食べるという。

「家では食べたことがないのに、この梅干しは食べた！」と驚く親御さんもいるのだとか。

ちなみに、子どもたちが好きなのは、固めの青梅を漬けたもの。コリコリッとした食感でとても人気があるそうだ。

現代農業二〇一五年七月号

塩分四%！完熟梅で作る減塩梅干し

宮城県登米市・みなみかた自然食研究所●千葉 仁

（撮影：小倉かよ）

市販の減塩梅干しは薬効、風味がそこなわれている

古来、梅干しは、生梅とシソと塩、そして天日干しで漬け込む自然物だけで作られ、梅とシソの相乗効果で漢方的薬効が高められ、風味も賞されてきました。

ただ、伝統的な梅干しは塩分が二〇%以上と高いのが難点で、減塩梅干しの研究・試みもかなり行なわれています。しかし市販の九%以下の減塩梅干しのほとんどが、減塩にこだわるあまり、塩抜き梅（高塩分で漬けた梅から、水だしなどで減塩する）を添加物で着色・調味・防腐して、シソを混入せず、天日干しもしない製品で、梅干し本来の薬効成分も風味も失っているのが実情です。

なんとかして、本来の風味と薬効を持つ梅干しを広げたい、そんな願いを込めて、私の特許製法を公開することにしました。

この発明は、古来の製法に学び、梅干しの抗菌力（クエン酸・ベンズアルデヒドなど）を要所要所で閉じ込め、抗菌物質と梅・梅干しを同居させることで、塩分だけを四%まで低くしたものです。梅、シソ、天日干しによって醸成される薬効成分を失うことなく、風味豊かな梅干しができます。

これまでの製法では、アルコールを用いても塩分は一〇%までが限度といわれており、これは画期的な製造方法といえます。健康上の理由でふつうの梅干しを一個に制限されている人でも四～五個も食べられます。

この方法で、誰でも減塩梅干しを作ってもいいのですが、特許ですから無断で商売することは違法になります。

おいしく風味に富む梅干しは木から落ちるくらい黄色く完熟した梅の実を使う。6月頃から市販される青梅は梅酒用で、梅干しには向かない

天日干しで赤くなる

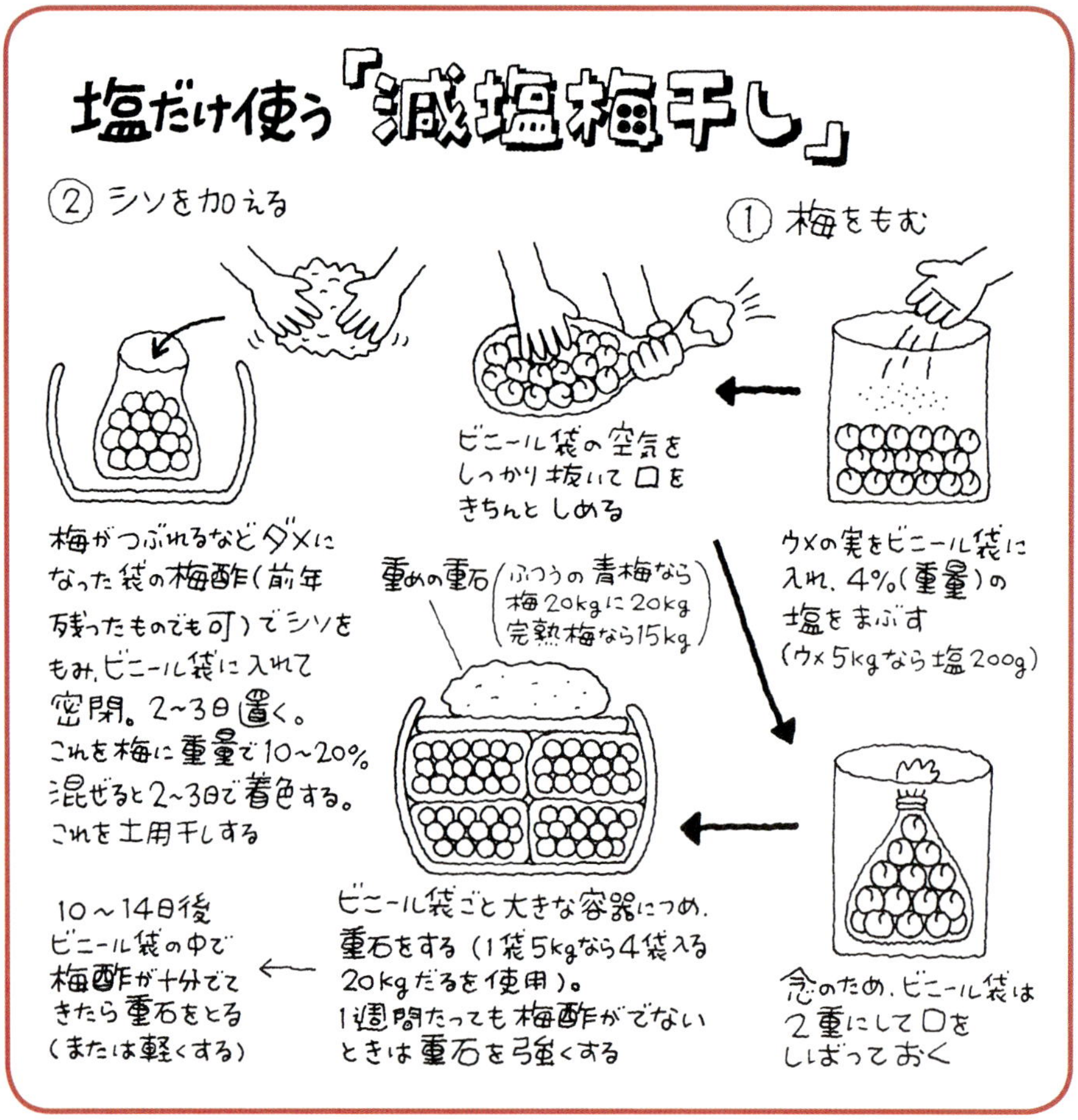

重石と密閉がポイント、四%減塩梅干しの作り方

作り方の手順は、次ページからの図をご覧ください。ポイントは加圧（重めの重石）と、外気に触れないようビニール袋で最後まで密閉しておくことです。そしてもう一つのポイントは、黄色くなった完熟に近い梅を使うことです。

塩分が少なく梅酢が出にくいので、はじめの漬け込みの重石は重めにします。また、完熟した梅のほうが梅酢が出やすく、いい梅干しに仕上がります。なお、梅酢は、最後まで梅と一緒にします。梅酢には梅の抗菌物質や香り物質が含まれているわけで、これを最後まで生かすのです。

少量なら、冷蔵庫利用が簡単

冷蔵庫を利用すると、たくさんは作れませんが、誰でも失敗しないでできます。基本の手順は同じですが、梅酢が出て以降の密閉もいい加減でよく、保存がきくので、土用でなくとも都合のいいお天気のときに干すことができるという利点もあります。

味、風味も常温の場合と遜色ありません。

①ビニール袋は使わず、「密閉できる容器」を用い、熱湯や三五度焼酎で消毒しておく。たとえばスナップパック（商品名。タッパーのようにフタがある程度やわらかく、本体に密着しやすくできているもの）のように簡単に密閉でき、重石をしたまま入れられるものが便利。中ブタと重石を兼ねるものも市販されている。

②四%の塩をまぶして容器に漬け込み、そのまま冷蔵庫の中に入れる。冷蔵庫の温度は四℃くらいに設定し凍らないようにする。

③梅酢が上がる。梅酢が上がったら、重石を軽くし、梅の上部すれすれに浸るようにする。その後、シソを混ぜて着色する。

④梅、シソともに梅酢に浸るように重石をし、容器を密閉する。

⑤天日干しの要領は同じ。梅酢を除き、容器のままフタをあけて日光に当て

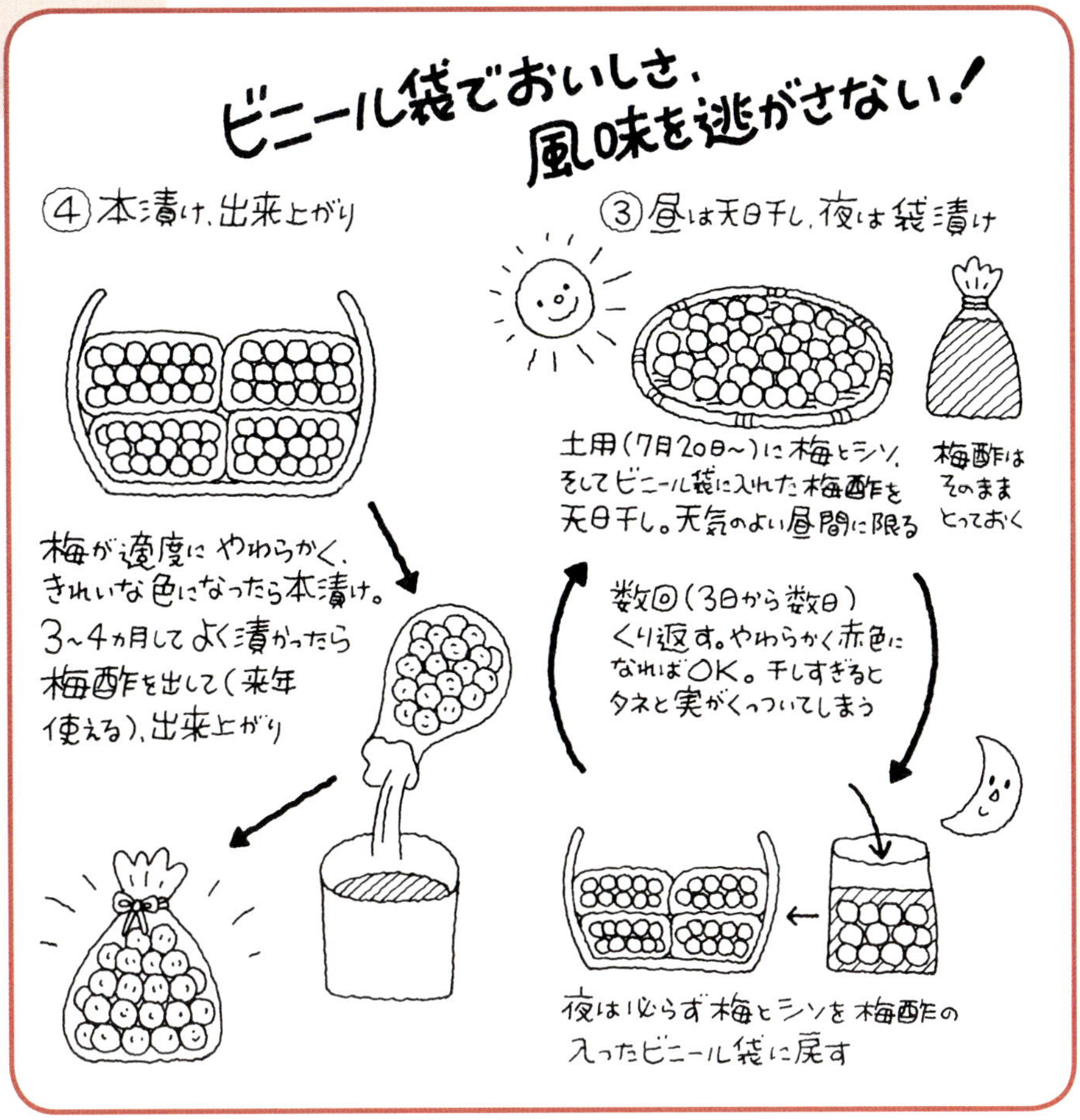

るとよい。夜は必ず梅、シソを梅酢の容器に戻し、冷蔵庫に入れる。天日干しは梅がやわらかく、赤色になればそれでよい。

⑥本漬けは天日干しした梅・シソを梅酢に入れ、シソを梅の上にやや厚く置く。シソの上部まで梅酢に浸るように重石をし冷蔵庫に入れる。本漬けは三〜四カ月としてあるが、十月半ばには、こんなおいしい梅干しがあったかと思うほどになっている。

梅、シソ、素材選びも大事

おいしい減塩梅干しを作るには素材も重要です。

六月になると青梅が売り出されますが、これは本来は梅酒用で、梅干し用には不適です。おいしい風味のある梅干しは、黄色になって木から落ちるくらい「完熟」した梅でできるのです。また、種類・姿・形が劣っても無農薬の梅を選ぶことがコツの一つです。

シソもできるだけ無農薬のものを選びます。お店で水に入ったシソ（の束）では、シソの色素が水で分解してしまって、梅干しに色がつきません。雨の中で収穫したシソでも、発色しないくらいなのです。

＊

私どもの、この製法で作った「長寿の梅」の香り（梅干しのツーンとくるベンズアルデヒド）をかいで、「梅の香りがする、いい香り！」と多くの人は言ってくださいます。しかし、なかには「この香り何？　何が入っているの？　イヤだ」という人もいます。調味梅干しの化学味に慣れてしまい、日本古来の食文化、伝統の味が忘れ去られようとしている、誠に残念な一面だと思います。

現代農業二〇〇三年七月号

色鮮やかな梅干し

京都府長岡京市
湯川周子

②
塩をまぶしながら、梅をつぼに入れる。上に塩を多めにして重石（材料の2倍）をのせ、水が上がるまで冷暗所におく。

③
土用になったら梅だけ1日干す。
このときはブルーベリーの実がまだない。
赤しそはあれば先に梅の中へ入れておく。

④

ブルーベリーが出まわってきたら、梅の上に、ブルーベリーと、赤しそ（塩もみしたもの）を置き、半分量の重石をして冷暗所に置く。
水が上がってきたら重石をとって、つぼなどに入れかえて本漬けに。
面倒なら、そのままおいてもいい。

6カ月くらいするとおいしい。

イラスト：竹田京一

漬け物お国めぐり（208）ブルーベリーで

しそのほかにブルーベリーも一緒に漬けて色鮮やかにした梅干しです。

ブルーベリーの生の実は7月末になると出まわってきます。そこで先に梅を塩で漬けておき、あとでしそとブルーベリーを入れて漬け直します。ブルーベリーと赤しその紫色がマッチして、それはそれはすばらしい鮮やかな色になり、食べるのがおしいような梅干しになります。ブルーベリーも赤しその香りがして、とてもおいしくて、まるで紫色の宝石のようです。

〈材料〉

大梅	1Kg
ブルーベリー（生果）	200g
塩	200g
赤しそ	250g

作り方

① 梅は洗って、たっぷりの水に1晩つけて、アク抜きをする。
ザルに上げて水切りする。

現代農業2000年４月号

自家製カルシウム液で食感のよいカリカリ梅漬け

元神奈川県農業総合研究所●小清水正美

カリカリにする条件

カリカリ梅漬けがその独特の食感を持つのは、梅に含まれるペクチンがカルシウムと結合して、硬い組織が保たれることによる。この硬い組織を作るのに必要な条件として、①若い梅を原料とし、②収穫したらすぐに漬け込み、③漬け込むときは食塩でもんで梅の表面に細かいキズをつけ、速やかにカルシウムを果肉の中に浸透させる、などがあげられる。この必要条件の一つでも欠けたらカリカリ梅漬けにはならない。

▼硬くするためにはカルシウムが必要

梅のペクチンをカルシウムで硬くするため、カルシウムが必要になるが、カルシウムは食品添加物として販売されている化成品を用いるのが簡便である。また、「カリカリ梅漬の素」のような、塩化マグネシウムや塩化カルシウムなどを配合したものも販売されている。ただ、一般家庭や農家では、化成品を入手したり、「カリカリ漬の素」のような商品を購入したりするのが難しいこともある。化成品のカルシウムやカルシウム配合商品を使わずにカルシウムを加えるため、卵の殻や貝殻が用いられている。

▼自家製カルシウム液を使う

炭酸カルシウムを主要構成成分とする卵の殻や貝殻を漬け込みのときに加えるが、化成品のカルシウムやカルシウム配合商品に比べるとカルシウムの効き方が遅くなり、カリカリ度合いが低くなったり、はじめは硬くてもしだいにやわらかくなってしまう。化成品のカルシウムと同じように、梅の中にカルシウムを浸透させるためには、梅酢に卵の殻や貝殻を入れて加熱し、煮溶かしたカルシウム液を作って利用するとよい。

梅酢に卵の殻や貝殻を入れて加熱すると梅酢の有機酸とカルシウムが結合し、梅酢の滴定酸度が減少するのは表1に見るとおりである。滴定酸度とは、農産物や食品の酢っぱさをその含有する酸の量で表わしたもので、カルシウムがどのくらい溶けたかの目安になる。

梅の小粒品種で作るカリカリ梅漬け

通常は農産物や食品に含まれている主要な有機酸に換算して示す。

原料の調製

▼小梅品種が適している

カリカリ梅漬けに使われる品種は小梅品種であることが多い。小梅の代表的な品種に甲州最小がある。花は白色一重だが、花粉が多いことから他品種への受粉樹として栽培されている。果実は一果重が5gくらいのやや偏球形の小果。そのほか、カリカリ梅漬けに用いられる品種には甲州深紅、竜峡小梅などがある。

表1　カルシウム液の酸度

	pH	滴定酸度（クエン酸）（%）
梅　酢	2.26	3.12
卵殻入り梅酢	3.12	1.90
シジミ殻入り梅酢	3.06	2.14

カルシウム液の原料
ガラス容器に入った梅酢とシジミの殻

▼使う梅の熟度を見極める

梅の熟度を見極めることが大切。カリカリ梅漬けの原料に使う梅は若どりでなければならない。果実を割りタネを見て、タネの表面色が白い状態ならカリカリ梅漬けの原料として適当で、タネの表面色が茶色になっていれば適期が過ぎている。梅に含まれるペクチンは熟度が進むと分解され、水溶性のペクチンになってしまう。完熟の梅を使うと漬け上がりはカリカリしていても、だんだんとやわらかくなってしまうのはこのためであり、カリカリ梅漬けには完熟梅は向かない。

▼収穫後、速やかに漬け込む

収穫した梅は可能な限り速やかに漬け込まなければならない。収穫後の時間が経てば経つほど追熟し、ペクチンの分解が進み、組織がやわらかくなり、カルシウムを加えても硬くならなくなってしまう。また、青梅は五〜六℃の低温に置くと低温障害でピッティング（果皮陥没）や果肉が褐変するが、短期間であるなら、収穫後はできるだけ低温に管理して、追熟しないようにすることもポイントである。プラスチックの袋に入れたり、段ボール箱に詰め込んでおくと、梅の呼吸熱がこもって高温になり、熟度が進むばかりでなく、変質も進むので、呼吸熱がたまらないようにする。

▼カルシウム液を作っておく

食品添加物を手に入れにくい農家や家庭では卵の殻や貝の殻を入れることがあるが、梅の酸で卵や貝の殻が溶けるのに時間がかかるので、カルシウムの効き方が甘くなる。はじめからカルシウムを梅の果肉に浸透させたいので、あらかじめ梅酢とカルシウム原料でカルシウム液を作っておき、漬け込み直後からカルシウムが梅の中に浸透するようにする。カルシウム原料には卵の殻、貝（シジミ、アサリ、サザエ、アワビ）の殻、ウニの殻など、いろいろなものが利用できる。

▼カルシウム液に使う梅酢は同じ品種のものを使う

カルシウム液に使用する梅酢は前年度までに作った梅漬けから得られたもので、古いものでもまったく問題はな

《原料と仕上がり量》
原料：小梅2800g、食塩500g（小梅の18％）、カルシウム液（梅酢500mℓ、卵の殻または貝の殻50g）
仕上がり量：小梅漬け2400g、漬け液1350g

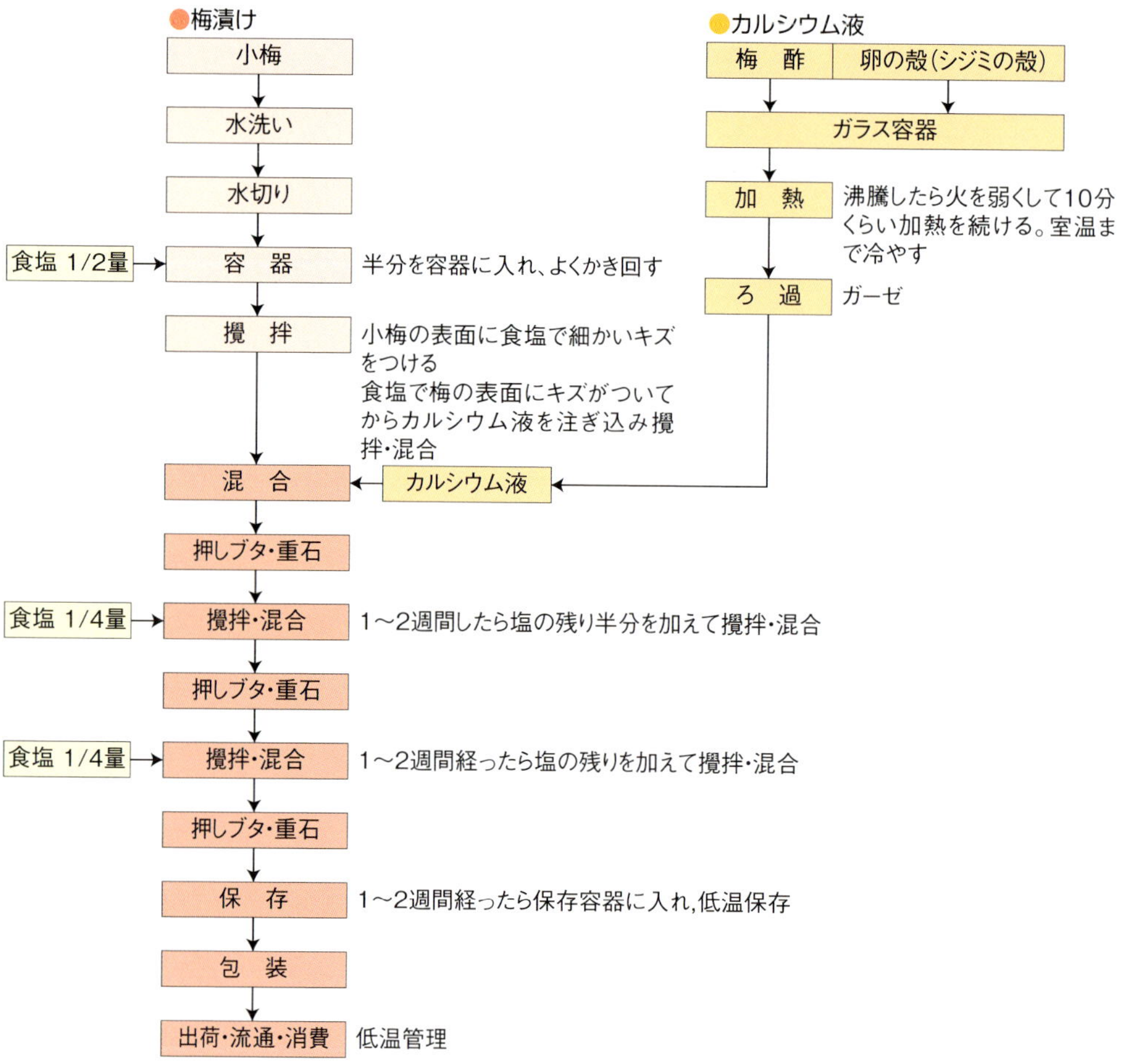

図1　カリカリ梅漬け製造工程

いが、同じ品種、同じ製法で作った梅酢を利用したい。梅は品種によって香りや酸味が異なるので、同じ品種から得られた梅酢を使うと品種の個性がより引き立ち、個性のはっきりした商品となる。

作り方の手順と注意点

製造工程を図1に示す。

▼カルシウム液の作り方

大きめのガラス容器に梅酢と卵の殻、またはシジミの殻を入れる。カルシウム液の梅酢は卵の殻や貝殻の量に対し一〇倍量程度に調整する。容器を加熱し、泡立ってきたら、火を弱くして加熱を一〇分くらい続ける。泡立ちは卵や貝の炭酸カルシウムなどが梅酢に含まれる有機酸と反応しているためで、火力が強いと泡立ちが激しくなり、急激に泡立ちふきこぼれるので、泡立ってきたらすぐに火力を落とし、穏やかに泡立つようにする。

　加熱を終えたらそのまま冷却し、梅酢が完全に冷えたら、ガーゼでろ過する。カルシウム液に溶けたカルシウムだけで梅をカリカリに仕上げることができるので、それ以上に殻を入れる必要はない。殻があると梅に含まれる有機酸と反応し、カリカリ梅漬けの酸味が減少する。

▼塩は三〜四回に分けて加える

梅を洗い、水気を切る。容器に梅と食塩の半分を入れ、よくかき回す。食塩は並塩（海水濃縮法で鹹水《かんすい》を煮詰めたもの。塩化ナトリウム九五％以上）でよい。食塩にニガリ成分などが多いとペクチンと反応し組織を硬くするが、カルシウム液を加えるので、食塩に含まれるニガリ成分の多寡が問われることはない。

全部の食塩を一度に加えると、梅がキューッと絞られ、しわしわになってしまう。分量の食塩を三〜四回に分けて加えると、梅がキュッと締まることなく、漬け上がる。

▼漬け込みと塩のすり込み

梅の表面に食塩で細かいキズがつき、食塩が梅の表面についたら、カルシウム液を注ぎ込み、全体を撹拌・混合する。

梅の表面を食塩でゴリゴリとすり込むと、食塩の結晶で梅の表面に細かいキズがつき、果肉に食塩が浸透しやすくなるとともに、後から加えるカルシウム液の浸透も速やかになる。食塩をまぶしながら漬け込んだのでは、ゆっくりと塩が浸透するので、梅の追熟がどんどん進んでしまう。追熟を止めるためにも塩のすり込みが必要になる。

押しブタをして重石をのせる。重石は梅を押して漬け液を出させるためではなく、梅が漬け液から出ないようにするだけの役目を果たせばよいので、軽量でよい。一〜二週間経ったら、残っている食塩の半分を加えて撹拌・混合し、押しブタをして重石をのせて、保存する。さらに、一〜二週間経ったら、食塩の残りを加えて撹拌・混合し、押しブタをして重石をのせる。最後の食塩を加えてから一〜二週間経ったら保存用容器に入れる。三〜四週間で漬け上がる。歩留りは梅が二四〇〇g（原料二八〇〇gの八六％）、漬け液一三五〇g程度になる。

▼低温で保存するとカリカリ感が持続する

漬け上がったカリカリ梅漬けは、漬物容器に入れたまま保存してもかまわないが、小さな容器に分けて保存すると手軽で利用しやすい。保存期間が長くなるとカリカリ感がなくなってくる。低温で保存するとカリカリ感を長く保つことができるし、色の変化も少ない。長く保存する場合は低温で保管する。

包装のしかた

カリカリ梅漬けは酸があり、食塩濃度も濃いので、微生物による急激な品質低下は少ない。包装容器として高級感を出すならガラス容器もよいが、一般的にはプラスチック容器で十分に品質保持ができる。

低温管理ができ、賞味期限を短めに設定するなら加熱殺菌処理は不要である。包装資材としては耐酸性があり、流通中に受ける物理的衝撃に耐えるものでよい。包装容器・袋に、梅と漬け液を入れ、空気が入らないようにシール（密封）する。

加熱殺菌する場合、温度を七〇℃以上に上げてはいけない。七〇℃以上になると梅は急激にやわらかくなる。

食品加工総覧　第5巻

写真図解 基本的な梅干しの作り方

元神奈川県農業総合研究所●小清水正美（撮影：小倉隆人）

下準備

20号のポリ袋に水を半分入れて、口の上のほうでしばる。袋は三重にする

口の上方でしばるので、平たく広がる。一晩置いて、水漏れしないか確認する

白梅干し

❶ 完熟梅を準備する。右のように丸く太ったのが完熟。左のように扁平はよくない

❷ 梅の実を洗う。汚れを落とすだけでなく、水になじむようにすることが大事

実が水を弾くと、塩が入りにくく、梅酢も上がらない。肌がぬれるまで洗う

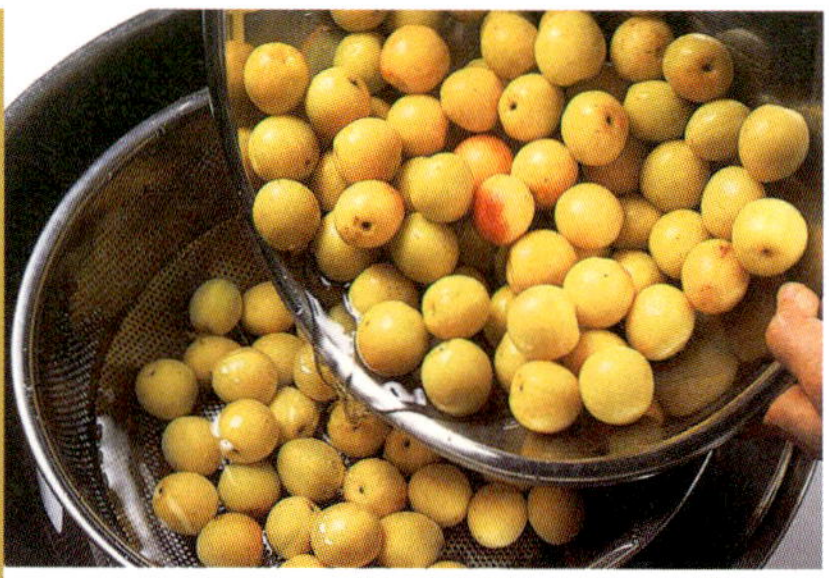

❸ 梅の肌に水がなじんだらザルにあげる。軽く水を切るだけで、水気は拭き取らない

❹ 漬け込み容器に、梅の半分を入れる

❺ その上に3分の1の塩をふりまく。塩の量は梅全重量の18～20%に。梅の実をぬれたまま使うと塩がよくつく

6 梅の肌に塩がよくまぶさるように、実を転がすようにして全体をかき混ぜる

7 残りの実と３分の１の塩を入れて、実を転がすようにしてかき混ぜる

8 全体に塩が行きわたったら、最後に残った塩を上にのせる

9 用意していた水入りポリ袋の重石を、全面に広がるようにして平らに置く

10 フタをして涼しいところに置いておく

11 半日から１日で、梅酢が上がってくる

12 ２～３日したら容器を傾けてまわし、塩を溶かす

13 底にたまった塩を溶かしきって、実全体に塩が行きわたることが大事

⑭ 塩が溶けて梅酢が上がりきるまで数日のあいだ、繰り返し容器を傾けてまわす

⑮ 水の重石は、梅酢が上がると比重の関係で自然に浮き上がる

⑯ 1週間ほどして梅酢が上がりきったら、このまま夏の土用まで保存する

⑰ 梅雨が明けて晴れが続きそうな頃、ザルに並べて天日干しにする

⑱ 日に当たると色が変わる。一つずつていねいに返していく

⑲ 3日ほど干したら、干し上がり

⑳ 容器に保存する。梅干しはビンに詰めて3年くらい経つとおいしくなる

左は、ビン詰め直後。半年もすると梅酢がにじみ出してくる

赤梅干し

❶ 赤ジソを枝に葉がついたまま洗う。葉の裏表がよく洗える

❷ 上から下へ茎をしごくようにして葉をとり、茎と選り分ける

❸ 葉の重さの 20%の塩をふりかける

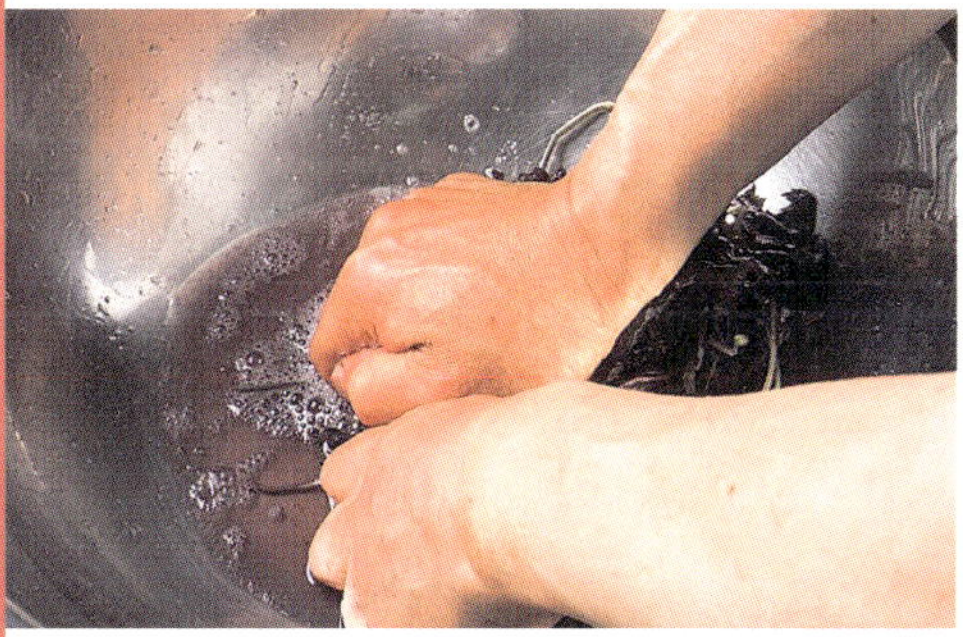

❹ 力をかけて 10 分ほど、ぎゅうぎゅうと押し絞り、アクを出す

❺ よく絞って丸め、アクを捨て、新しいボウルに移す

❻ 葉の 40%ぐらいの梅酢を入れてもむと、赤い色が出て梅酢漬けが完成

❼ 赤ジソの梅酢漬けを梅酢の上がった梅漬けに加える

❽ 白梅干しと同じように土用干しをして完成

読めば得する梅干しの話

古くなった油が生き返る

農家は人寄せごとが多い。天プラを揚げるといっても、何十人分という単位である。新品の油を使っても、揚げているうちに油が劣化してきて、だんだんパリッと揚がらなくなってくる。

そんなときに役立つのが梅干しである。油の中に梅干しを二個ばかりほうり込むのである。取り出すのがめんどうなら梅干しを入れたまま天プラを揚げてもいい。

これだけで新品の油なみにパリッとした天プラが揚がるというから不思議。

梅干しの酸っぱみを抜く

その① 梅干しをよく水洗いしてから水気を切り、ハチミツに二～三日漬けておくと酸っぱみが抜ける。

その② 梅干しをよく水洗いしてから水気を切り、ビンに入れて醤油をひたひたくらいに注いで一週間。取り出してみると、酸っぱみの抜けたおいしい梅干しになる。

おまけがあります。梅干しを漬け込んだ醤油にさわやかな梅の酸味が移って、おいしくなるからです。

固くなった梅干し蘇生法

梅干しが古くなり、水分がなくなって固くしなびたからといって、捨ててしまうなんてもったいない。

こんなときは、三～四日ほど冷たい水に浸け、それをザルにあげて水を切る。その後、二日ほど干すと塩気も薄くなって、ふっくらと元に戻る。

現代農業一九八七年五月号

夏でも傷まない団子の秘密は梅干しにあり

熊本県山鹿市●藤本すみ子さん

熊本県山鹿市の藤本すみ子さんは、輪切りにしたサツマイモと餡が入った熊本の郷土料理・いきなり団子などを作っては直売所で売っています。そんなすみ子さんに、暑い夏でも傷まない、団子作りの裏ワザを教えてもらいました。

なんと、餡を作るときに梅干しをみじん切りにして一緒に練り上げるのだそうです。分量は1kgの餡に対して、大きい梅干し1～2個程度。お弁当に梅干しを入れておくと傷まないように、餡に梅干しを混ぜると、真夏に常温でお団子を置いていても2～3日はもつのだそうです。隠し味程度に加えるのがポイントで、梅干しの味も色もお団子にまったくつかずに仕上がります。

母親に教えてもらった昔ながらの知恵を、今度はお嫁さんに教えてあげたいと話すすみ子さんでした。

現代農業2013年9月号

第3章
梅を使って おいしく料理

梅びしお作り（53ページ）

梅フライドチキン（63ページ）

カボチャの梅干し煮（56ページ）

梅干し活用で料理をおいしく

和歌山県みなべ町●梅料理研究会

梅料理研究会の皆さんに教えていただいた梅を使った料理（撮影：すべて松村昭宏）

梅びしお

どんな料理にも相性のいい梅びしおを作り置きしておこう

梅干し活用

- 梅干し — 梅びしお
  - そのまま
  - 梅マヨ
    - 白梅ソース
  - 梅味噌
  - 梅ガツオ
- 梅干し — 煮物
- 梅酢
  - 野菜漬け
  - 魚漬け
  - 肉漬け
  - うがい薬

作り置きがきいて重宝な梅びしお。「一度作れば1年でも2年でももつけど、いつも使うからすぐになくなっちゃうよ」。ただ、ぬれたり汚れた箸やスプーンですくったりするとカビがつくので注意

梅びしおの作り方

材料

梅干し 1kg／砂糖 300g（梅肉の3割）／みりん 大さじ1～2

作り方

1. 梅干しは水に浸けて6～8時間、水を取りかえながら塩抜きする。（18％前後の塩分が14～15％になる）
2. ザルなどですりつぶし、タネも取り除く
3. 土鍋かホーロー鍋に❷を入れて弱火で、常に混ぜながら煮る
4. 途中で砂糖を2回に分けて入れる
5. 約20分後、テリが出てプツプツと沸いてきたら最後にみりんを入れて、できあがり。ビンに入れて、冷蔵庫に保存

梅びしおはどんな料理にも相性ぴったり

そのままで

梅ヤマイモ

梅納豆

朝ごはんにおなじみの納豆、ヤマイモにもそのままかけて。ネバネバしても口の中はさっぱり

梅風味あえもの

三杯酢の代わりに梅びしおを使えば、梅風味のあえものに

梅風味唐揚げ

肉にまぶす塩コショウの代わりに、梅びしおをたっぷりと塗れば、梅風味の鶏の唐揚げやトンカツに

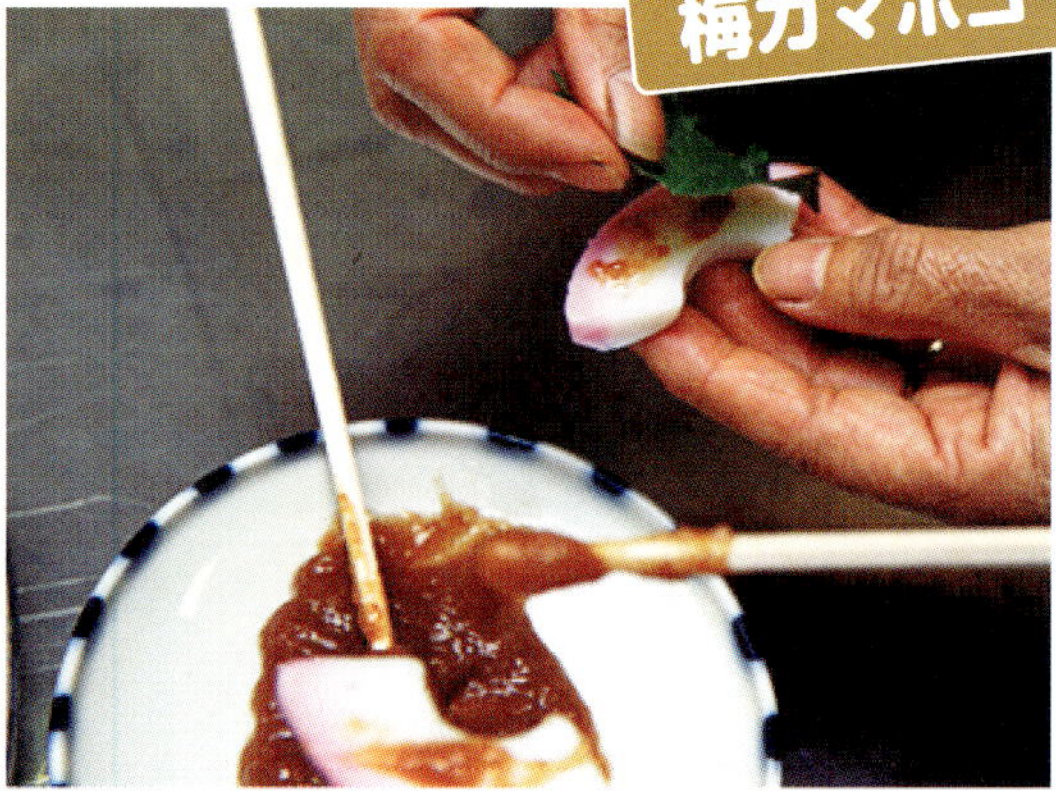

梅カマボコ

カマボコにつけてシソと一緒に巻いて梅カマボコに。「おせちのカマボコって余りがちだけど、これならみんな箸を伸ばすよ」。このほか、刺身や寿司のワサビ代わりにも

マヨネーズと
混ぜて…

「梅マヨ」に。ポテトサラダのマヨネーズやサラダ巻きにもオススメ

梅マヨに牛乳を少しずつ混ぜてのばすと…

梅マヨと野菜をあえて梅風味サラダ

洋風の白梅ソースに変身。焼いた鶏肉や蒸し焼きの魚介類と合う

梅びしおアレンジソース

梅マヨ
同量のマヨネーズと混ぜる

白梅ソース
梅びしお大さじ２とマヨネーズ大さじ４を混ぜたら、さらに牛乳 150mℓを少しずつ入れてのばし、白ワイン大さじ１を入れる

梅味噌
同量の味噌とみりん少々と混ぜる。ゴマを加えると風味アップ

梅ガツオ
から煎りした削り節１つかみに梅びしお大さじ１を混ぜて、醤油大さじ２と、みりん少々を加える。おにぎりやあえもの、サトイモなどの煮物に

カボチャの梅干し煮

カボチャ、サツマイモと煮てみて

イワシやサバ、アジなどの青魚を煮るときに入れる梅干し。サツマイモやニンジンなど甘みのある野菜とも相性ぴったり。梅の塩加減と酸味がほんのり野菜に移る。「夜作っておいて冷蔵庫に入れて冷たくして食べると、ふだんはカボチャやサツマイモを食べない男の人もよく食べるよ。孫も大好き」

カボチャの梅干し煮の作り方

1. ひたひたの水でカボチャ半個分を煮る
2. 火が通ったら水気を切ってだし汁で煮る。一緒に梅干し３つも入れる
3. みりんを入れる。梅干し１つをつぶして果肉を散らす

梅のちょっといい話

梅酒かん

- 梅酒の梅は、大きめにスライスしてひたひたのハチミツに漬け、ケーキやクッキーに入れるといい。細かく刻んで梅酒かんの具にも
- パンに塗ってよし、ヨーグルトに混ぜてよしの梅ジャム。最近のヒットはカレー。仕上げに入れるとあっさりした仕上がりに

梅ごはん

梅ごはんで夏バテ解消

梅ごはんの作り方

❶ タネをとりながら、1合につき1粒の梅干しを炊飯器に入れてふつうに炊く。食べる際に千切りの青ジソを添えるとよい

食欲のない夏もたくさん食べられる。そのままお茶漬けにも

梅酢漬け

梅酢に何でも漬けてみよう

肉を漬ける

塩コショウで下味をつける代わりに梅酢を使う。鶏肉の唐揚げなら小さく切ってあるのでさっとくぐらせる程度でいい。手羽先は肉の厚みがあるので片面ずつひっくり返して、表裏で5分漬ける。長く漬けると辛くなるので注意。梅酢をまぶした鶏肉は、太いネギと交互に串に刺して焼くのもいい。「冷めてもおいしいから弁当のおかずにも。レンジでチンしてもうまい。夏にはええと思うわ、さっぱりしてて」。カルビなどの牛肉とも合うので、焼肉をするときも梅酢をさっとくぐらせて、すぐに焼く。タレに梅びしおを少し混ぜると、たくさん食べられる

野菜を漬ける

キュウリやダイコン、ハクサイ、キャベツ……季節の野菜は、梅酢3、みりん2、砂糖1の割合で混ぜたものに昆布と一緒に一晩漬ける

魚を漬ける

アジ、イワシ、タチウオなど30分～1時間漬ける。小アジならくぐらせる程度でよい。ショウガと青ジソをかけて食べる。揚げ物、干物にしても

現代農業2005年7月号

梅おこわを持つ大槻彼呂子さん（右）と、山菜おこわを持つ仲よしの原昌子さん。
2人ともスピードおこわがお気に入り（撮影：すべて黒澤義教）

90分でできる!
おこわ名人のスピード梅おこわ

長野県塩尻市●大槻彼呂子さん

固くなりがちなおこわが、ふっくらやわらかく仕上がった

大槻彼呂子《ひろこ》さんは、おこわが大好き。でも、どうしてもこわく（固く）なりがちなのが悩みのタネだった。浸水時間が足りないのか、蒸し時間が足りなかったのか……。今回はうまくいくかな、と作るたびにドキドキしていた。

そんな彼呂子さんが出会ったのが、「現代農業」二〇〇三年四月号の「浸けおき不要！ 冷めても固くならないスピード赤飯」の記事。もち米を蒸す途中で一度水にさらすという一工程を加えるだけで、なんと前日からもち米を水に浸けなくても作れる。しかも、冷めてもやわらかいままだという。

彼呂子さんはさっそくこの方法でおこわを作ってみた。すると、ふっくらやわらかいおこわに仕上がった。「この方法なら、誰でもおこわを上手に作れるんじゃないかしら」と彼呂子さん。お米がいったん冷めることで、水分が芯まで均一に吸収されていくんじゃないかな、と感じている。

すっかりおこわが得意になった彼呂子さん。前日からの浸水がいらない手

軽さもあって、おこわを作る回数はぐんと増えた。急なお客さんや、親戚や兄弟が訪ねてくるとき、思いついたらすぐできる。冷めても固くなりにくいから、おみやげに持たせても喜ばれる。

塩味つきの特製ゴマ塩

彼呂子さんのおこわに欠かせないのが、手作りのゴマ塩。市販のゴマ塩は、塩とゴマが分かれていて、しょっぱい部分と、全然塩気がないところと分かれてしまう。どの部分もゴマの風味と塩気があるようにしたかった彼呂子さん、ある店で塩味のするゴマに出会い「これだ！」と思った。

それからは、なんとか自分で作ってやろうと実験の日々。ようやくたどりついたのが、塩水に浸したゴマをフライパンで煎る方法。ゴマ全体にまんべんなく塩がつくから、塩気がきつくない。口に入れてかむと、ゴマの香りがふわーっと広がる。香りもパワーアップしているようだ。

この特製ゴマ塩をかけたところは、どこでもまろやかな塩味がする。おこわの味付けを薄めにしておいて、たっぷりゴマ塩をかけて食べてもらうのが、彼呂子流。「ゴマは体にいいし、塩味がきいて食欲が増すのよ」。

年末はすごく忙しいけれど、家族や親戚と会える大切なとき。スピードおこわなら、時間がなくてもすぐできて、手軽におもてなしができる。ひとひねりきかせたゴマ塩も、喜ばれることまちがいなし。お試しあれ！

現代農業二〇〇九年一月号

スピード梅おこわの下準備

材料・道具（もち米1升分）

もち米 1升／蒸し器（蒸し器は大きめを使うと均一に蒸せる。1升作るなら2升用を）／蒸し布／大きなボウル／大きなザル／しゃもじ／梅のカリカリ砂糖漬け*（シソも）刻んだ状態で茶碗2杯くらい／砂糖漬けの汁 2～3カップ

＊の作り方

1. 洗ってヘタをとり、水気を切った青梅を3～4日酢に漬ける
2. 半分に割ってタネをとる
3. 梅の2倍量の砂糖と、塩と酢でもんだたっぷりの赤ジソで3～4カ月漬ける。カリカリにするには豊後という品種がいい

塩味まろやか！特製ゴマ塩の作り方

材料

黒ゴマ 100g／天然塩 大さじすり切り1杯半／水 湯のみ半分くらい

作り方

1. ゴマをフライパンに入れて弱火で軽く煎る（煎りゴマの場合はここは省いてOK）
2. 火を止め、水と混ぜる（傾けて少し水がしみ出る程度の量）。塩も入れてよく混ぜる
3. 中火にかけ、混ぜながら水分を飛ばす。水分が減ってきたらこげないよう弱火に。ゴマが灰色になり、サラサラと完全に乾いたら完成

❶ まずは15分蒸す

もち米をザルでよく洗う。蒸し布を敷き、下段に熱湯を入れた蒸し器に入れ、フタをして強火にかける。上ブタから湯気が勢いよく出てきてから強火のまま15分蒸す

❷ いったんザルにあげて水洗い

もち米をザルにあげ、水をたっぷり入れた鍋の中で洗って全体を冷ます。蒸し布も水洗いしてヌメリをとる

ここがスピードおこわの秘密!

❸ 再び蒸す

洗ったもち米を蒸し器にふっくらと入れ、強火にかける。フタから勢いよく蒸気が上がってきてから25～30分蒸す

彼呂子さんポイント

ここで梅の漬け汁をかけてしまうと、その後どんなに蒸してもかた～いまま。まちがえないよう気をつけて!

スピード梅おこわの作り方

④ 梅の漬け汁を合わせる

味見して、食べられるほどやわらかくなっていたら、ボウルにあげる。梅の漬け汁をかけ、色が均一になるまで混ぜる。蒸し布は洗っておく

⑤ もう一度蒸し、梅とシソを混ぜる

仕上げに５～７分蒸す（一粒ずつに色がしみてきれいになる）。ボウルにあげ軽く冷ましてから、刻んだ梅とシソを混ぜる

波呂子さんポイント

梅とシソは、熱に長く当たると茶色に変色します。レンジで温めなおしても変色するので、冷めてもそのまま食べるのがおすすめです。

⑥ スピード梅おこわの完成！

前日からの水漬けなしで、本格おこわのできあがり。冷めてもやわらかいからおみやげにもぴったり

梅味噌＆薬味のせご飯

三重県伊勢市●中居正子

味噌味に梅の酸味、ネギとショウガのピリッとした薬味、かつおぶしの旨味が加わり、ご飯が進む（調理・撮影：小倉かよ）

梅味噌は古くからあるものですが、最近は若い方にも喜ばれるようになってきているようです。

梅味噌は焼きおにぎり、味噌和え、おでんなど、使い道はとてもたくさんあります。私の好きな食べ方は、この梅味噌にねぶか（ネギ）の小口切りと、おろしショウガ、かつおぶしを混ぜて、ご飯にのせるというもの。私は薬味たっぷりが好みなので、薬味多めのレシピです。

私の住む伊勢市東豊浜町は、昔からネギ（九条ネギ）の産地で、ネギのことを「ねぶか」と言っていました。今はどの地域でもネギは作られていますが、二〇～三〇年前の当地は代表的な産地で、町内の農家の多くがネギ栽培をしていました。ですから、子どもの頃の味噌汁の具といえば、毎日ネギ。大きく切ったネギと煮干しが浮いていました。そしてこのねぶかに、ショウガやかつおぶしを混ぜて調味味噌（酢、赤味噌、みりん、砂糖）と和えた「ねぶか味噌」が私は大好きでした。本当に素朴で、温かいご飯にのせて食べると絶品。この調味味噌の代わりに梅味噌を混ぜてみたら、これまた絶品だったというわけです。

梅味噌と薬味を、そうめんにのせてもおいしいと思います。

現代農業二〇一一年七月号

梅味噌＆薬味のせご飯の作り方

材料　約４人分

梅味噌 大さじ２～３／細ネギ５本（小口切り）／おろしショウガ 大さじ２～３／かつおぶし 10g

作り方

梅味噌に、小口切りの細ネギとおろしショウガ、かつおぶしを混ぜたものを、温かいご飯にのせる。

※梅味噌の材料と作り方

梅（青梅でも完熟梅でもよい）1kg ／赤味噌（好みの味噌でよい）1kg ／砂糖1kg

梅は洗って水気をふき取り、爪楊枝でヘタをとる。鍋に梅、味噌、砂糖を混ぜながら入れ、火にかける。こがさないように木ベラでかき混ぜながら混ぜながら、梅の形がなくなるまで煮込む。そのうち、梅肉がとろけ、自然にタネとはがれていく。梅のタネは冷めてからとっても、使うときにとってもよい。おかず味噌は数々あるが、梅の酸味がよくきいてたいへんおいしい。

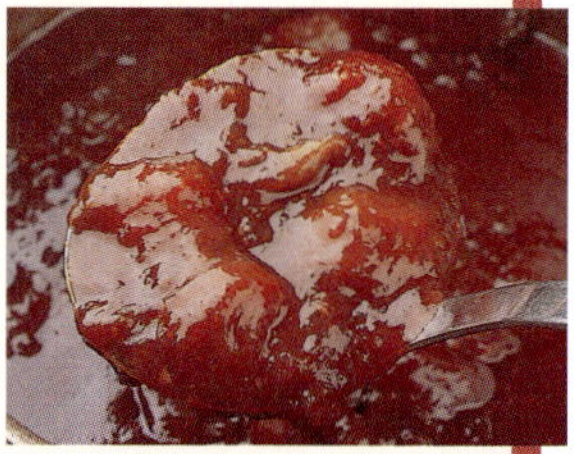

梅、味噌、砂糖を入れて火にかけたところ。タネが自然にはがれる

梅フライドチキン

和歌山県みなべ町・ぷらむ工房●岩本恵子

一〇カ月間わが家でホームステイしたタイのエム君は大のチキン好きでした。梅の加工販売をしていて忙しい私の強い味方が、超簡単でおいしくヘルシーな梅フライドチキンです。この料理のポイントは、塩分約二〇％の昔ながらのしょっぱい梅干しをお塩代わりに使うこと。梅干しの塩分とほどよい酸味が、レモンも塩コショウもいらない、おいしいフライドチキンにしてくれます。調味料は梅干しのみです！　梅フライドチキンが毎日続いても大喜びのエム君でした。

私は、日本一の梅の里で紀州南部の南高梅を使った梅料理を日々研究しています。とくに最近大好評なのが、梅酢を使用した焼き鳥や照り焼きチキンなど。また、完熟梅ジャムで作る、ポークチャップ（焼いた豚ロースをケチャップ、ソース、梅ジャムで味付けした料理）やリンゴのコンポートも人気です。

梅狩りは六月、梅ジャム作りや梅料理教室は一年中体験できます。ぜひ日本一の梅の里に遊びに来てください。

現代農業二〇〇七年六月号

筆者

ヘルシーでおいしい！（調理・撮影：小倉かよ）

梅フライドチキンの作り方

材料

鶏手羽先（チューリップ）８本／白梅干しの梅肉（塩分約20％の昔ながらの梅干し）　大さじ３／おろしニンニク　小さじ２分の１／片栗粉　適量

作り方

1. 梅干しのタネを取り除き、包丁でたたく
2. 手羽先に梅肉とニンニクをよくからめて、10分程度なじませる
3. 片栗粉をまぶして油で揚げる

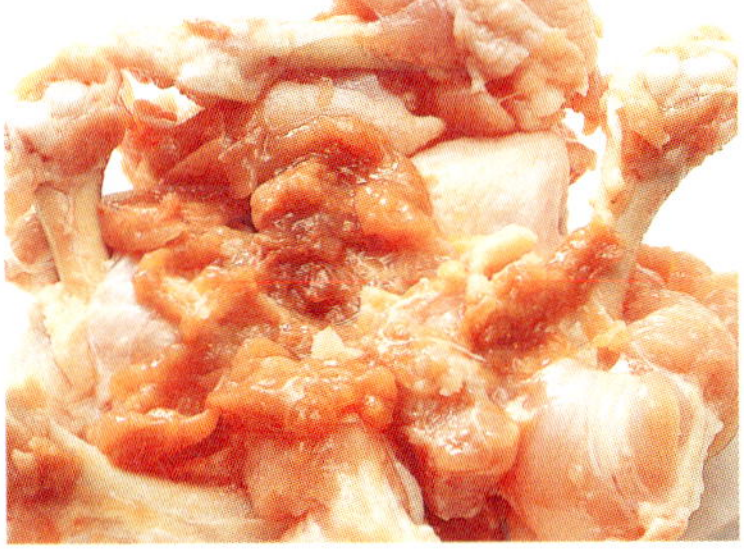

味付けは梅干しのみ

梅干しのタネスープ

福岡県大牟田市・あぐりＪＯＹ●野﨑京子

筆者

私たち「あぐりＪＯＹ」（大牟田農業女性の会）は、自宅内に備えた加工所を拠点とし、五人のメンバーで仕出し用の弁当作りや加工品作りをしています。その他、小さな子を持つお母さんたちを対象とした食育活動にも力を入れています。

「子どもたちに安心、安全な食べ物を！」「お母さんたちが負担に感じない、作りおきできる簡単なレシピを！」。この二つをモットーに料理教室を開催し、「作ってみました、できました、おいしかったです！」という言葉を聞くのが一番のご褒美と感じている地域のおばちゃんたちです。

今回紹介するのは、わが家の定番料理であり、料理教室でも評判の「梅干しのタネスープ」。これは、おにぎりの具にする「梅びしお」（作り方は五三ページ参照）を作ったときにひらめいた料理。梅びしおには果肉だけを使うので、タネがたくさん出ます。そのタネには果肉がたくさんついていて、モッタイナイ。試しにスープにしてみたら、と～っても味わい深い。小口ネギをどっさり入れれば、風邪予防もバッチリ。

現代農業二〇一五年十二月号

梅干しのタネスープ。タネはそのまま盛り付けて、ショウガの搾り汁を入れれば、体もホカホカ

梅干しのタネスープの作り方

（3～4人分）

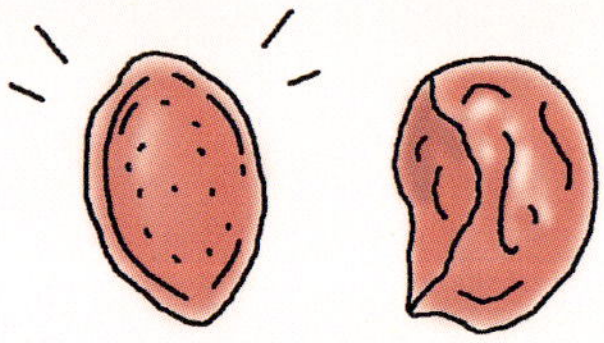

大きめの梅干し10個を用意し、タネと果肉を分ける

沸騰した湯800mℓにタネを入れ、菜箸で混ぜてタネから果肉をはがす。白だし大さじ2、パック入りかつおぶし（3g入り）を1パック入れ、味を調える

溶き卵1個を入れ、ネギを入れたら……一煮立ちさせ、完成

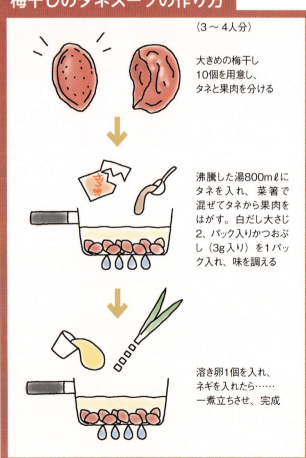

白梅酢→赤梅酢の二度漬けが決め手 味も色も長持ちする 紅ショウガ

神奈川県南足柄市●露木憲子さん

加工品を持つ露木憲子さん。カゴの中は、甘夏のピール、ユズ味噌、イチジクの甘露煮天日干し、カボチャの調味漬け、紅ショウガ、ナスの調味漬け

何でも手作り 孫が喜ぶ赤ジソふりかけ

露木憲子さんは年間を通して直売所に加工品を出す加工かあさん。料理が大好きで、何でも手作り。味噌汁の味噌はこうじから作るし、だしも毎朝かつおぶしでとる。

「毎日食べたり飲んだりするものは体にいいものがいいじゃない？　ご飯にかける赤ジソのふりかけも、赤ジソと梅酢とお塩で作るの。畑でとれたものは全部ムダなく使わないともったいないから」

そんな憲子さんの近くに住むお孫さんは、おばあちゃんの味が大好き。しゃれた料理より昔ながらの素朴な料理が好きで、この赤ジソふりかけが大好物なのだとか。

おこづかい稼ぎから始まって 今では三〇品目を通年販売

憲子さんが加工品を直売所に売り始めたきっかけは、お姑さんからおこづかいがほとんどもらえなかったから。平成八年、地元の農協の直売所に野菜を出していた憲子さんに、加工品を出していた女性部の仲間が助言してくれた。

「野菜の残りを漬物にして出しなよ。自分のおこづかいになるよ」

その一言がきっかけで、平成十年に味噌と漬物と菓子の販売許可をとった。そこからは「細く、長く」をモットーに多品目で長期販売できるよう商品化。今では豆味噌や、キュウリ、ナス、カボチャなどの漬物から、草団子、ヨモギもち、甘夏のピール（皮の砂糖漬け）などのお菓子まで、三〇品目を出す。

イベントで味をレベルアップ

加工品を出しているのは二カ所の直売所。人口約二〇万人の小田原市にある「朝ドレファ～ミ」と、地元南足柄市にある「フレッシュショップふくざわ」。地元客が多いフレッシュショップふくざわでは安いものが売れ、町の人が多い朝ドレファ～ミは単価が高くてもおいしいものが売れるという。

直売所のほかに大事なのがイベント。憲子さんはこの地元で開かれる桜祭りやアジサイ祭りなどのお客さんの声をもとに、味をレベルアップさせてきた。

「赤ジソのふりかけも、市販品のように細かくしたら『ゴミみたい』と言われたから、今みたいに粗めにしたの。本のレシピを見て一回は作るけど、本の通りにやりたくない。へそ曲がりなのかしら、レシピは自分で変えちゃうの」

素材まるごと感がある加工品

そんな憲子さんの加工品は、ドーンと存在感がある。カボチャの漬物は大きさによって二つ割りとか八つ割りにしたものが袋にゴロンと入っている。甘夏のピールもずいぶん幅広だ。ピールといえば細くて丸まっているものが多いが……。

「何でも細かく切ると、カボチャなのか甘夏なのかわからなくなっちゃう。もとの素材がわかったほうがいいかなと思って。それに、忙しくて細かく切ってる時間もないの」

そう言って笑う憲子さんの加工品の中から、今回は秋にとれるショウガの加工品を教えてもらった。

紅ショウガ
丸のままのほうが味が変わらない

ショウガを加工する場合、本には「そのままでは固いのでスライスする」と書いてある。憲子さんの地域でもスライスして漬けるそうだが、憲子さんは丸のまま漬けて、そのまま売っている。切る手間もないのだが、スライスすると辛みなどのショウガの味がどんどん抜けてしまうのだという。

「お姑さんからは『横着だ』って怒られたけど、丸のままの紅ショウガを気に入ってくれたお客さんがいたの。男の人でね、薄く切って漬けたものしか食べたことがなかったんだけど、オレはこの味が一番だ、食べるときに切って食べるから味がいつまでも変わらないって」

二度漬けで色も変わらない

憲子さんは毎年コンテナ三杯くらいのショウガを加工するのだが、大量に漬けて何カ月も置いておくと、色が変わってしまう。目の覚めるような鮮やかな赤だったシソの色があせて、くもったような赤紫色になってしまう。着色料や保存料は入れないから仕方ないのだが、色が悪くては売れない。お客さんは色を見て買う。そこで憲子さんが考えたのが、二度漬け。

最初から赤梅酢に漬けないで、白梅酢に漬けて保存しておき、直売所に出す分だけを少しずつ赤梅酢に漬け直すのだ。おかげで十一月から五月まで、常にきれいな色の紅ショウガが出せる。

現代農業二〇一一年十一月号

味も色も変わらない紅ショウガの作り方

❹ 白梅酢に漬ける

ショウガが隠れるくらい白梅酢を注ぐ。梅酢がフタの上に出るくらいに重石をする。この状態で保存する

❺ 赤梅酢に漬ける

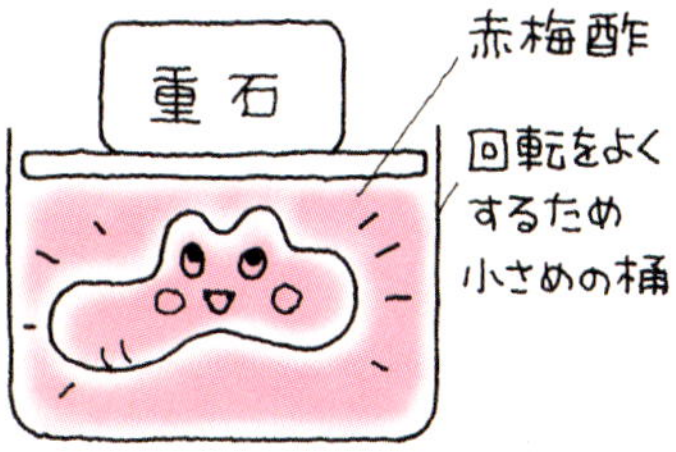

約１カ月後、一部を小ぶりの漬物桶に移し、赤梅酢に漬ける。１カ月後、取り出して売る。以後、桶のショウガが半分ほどに減ったら、白梅酢のショウガを移す

❻ 包装・殺菌する

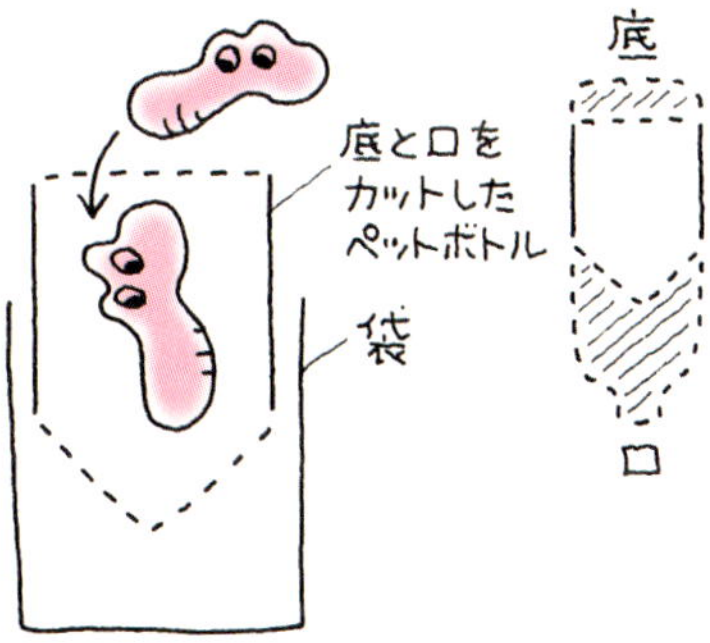

袋の口が汚れないよう、底と口をカットしたペットボトルを袋に挿し、紅ショウガを入れる。新しい赤梅酢を加え、シーラー（熱密封機）で口をとめ、60℃のお湯で殺菌する

紅ショウガ（1袋100g200円）。写真のものは前年のものなので少し色あせているが、この「まるごと売る」のが味を落とさないコツ。赤梅酢は白梅酢で薄めると透明感のあるきれいな色になる。ショウガはやわらかいうちに収穫しないと辛さが増し、スジっぽくなるので、遅くとも秋の彼岸までにとるようにしている

❶ 水洗いする

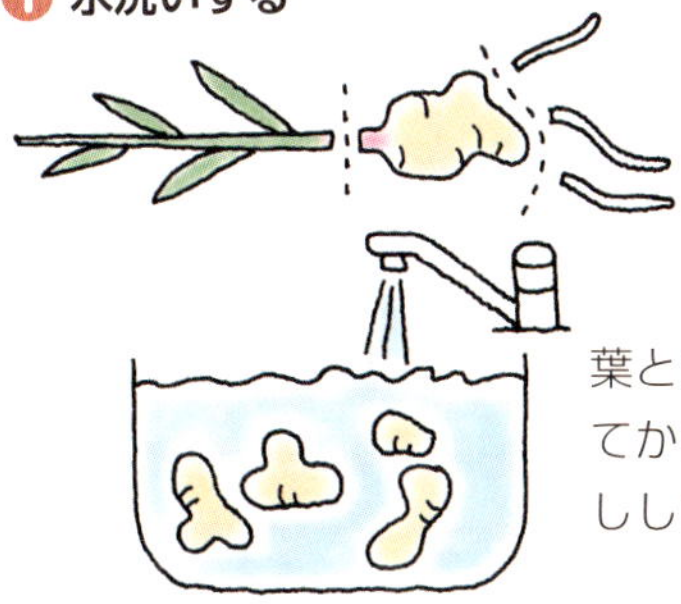

葉とヒゲ根を切ってから洗い、陰干しして水気をとる

❷ スライスしない

スライスすると辛みなどの味が抜けてしまうので、丸のまま漬ける

❸ 塩漬けする

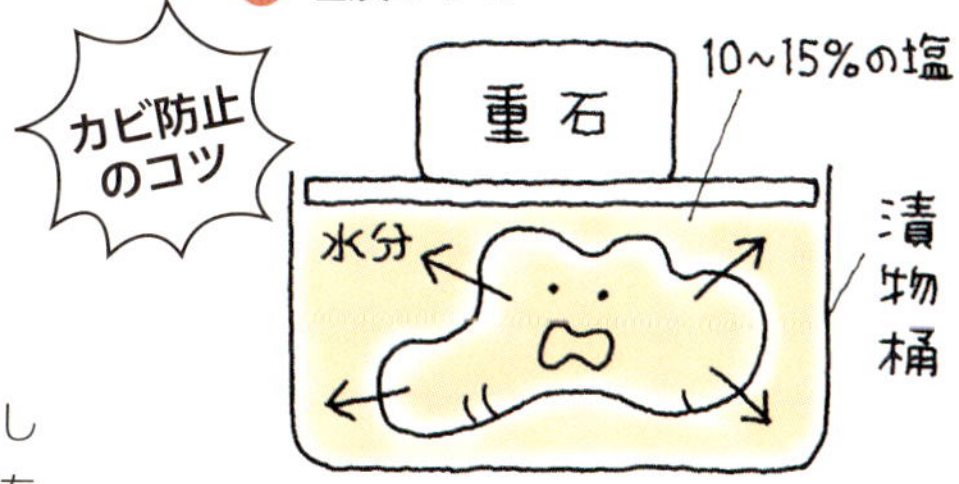

塩をふり、重石をして１週間置いて水分を抜く。塩漬けしないと梅酢が薄まってカビが発生する

シソ巻き

群馬県川場村
宮田りえ子

② 梅をシソで巻く

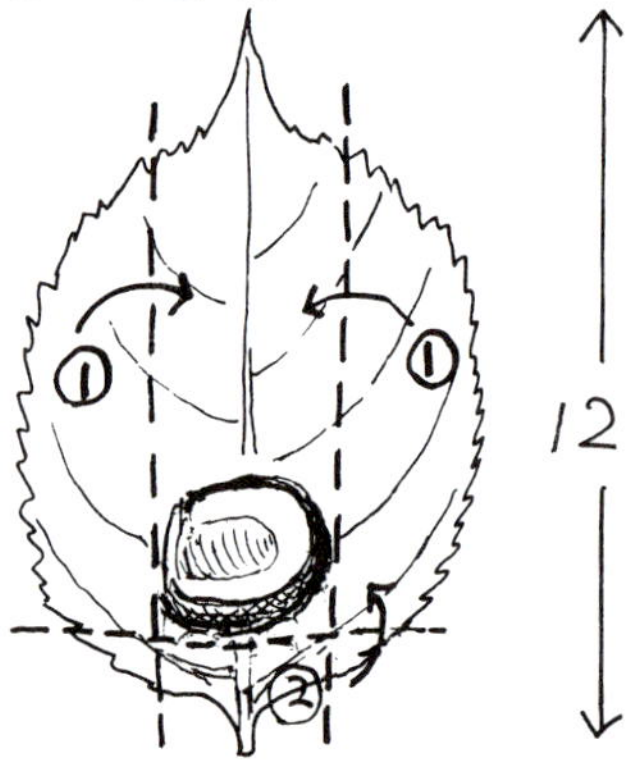
①
①
②

葉のつるつるした表面が
巻いたときに外側になるように
①②の順に折り込んだあと
くるくると巻く.

12cm 以上の大きな葉を使うと巻きやすい

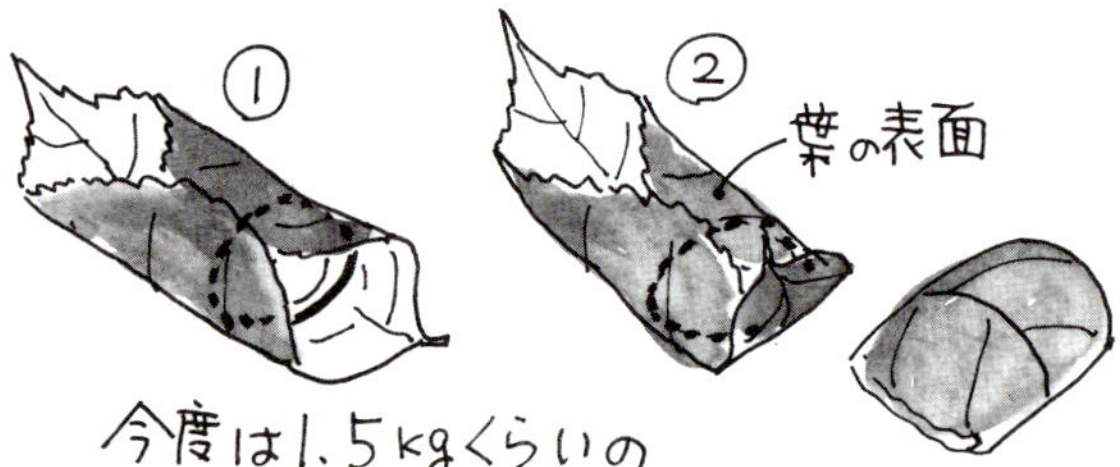
①
②
葉の表面

③ シソ巻きを漬ける

今度は1.5kgくらいの
多めの砂糖で
漬ける

私の梅の加工品の中でも
1番人気です

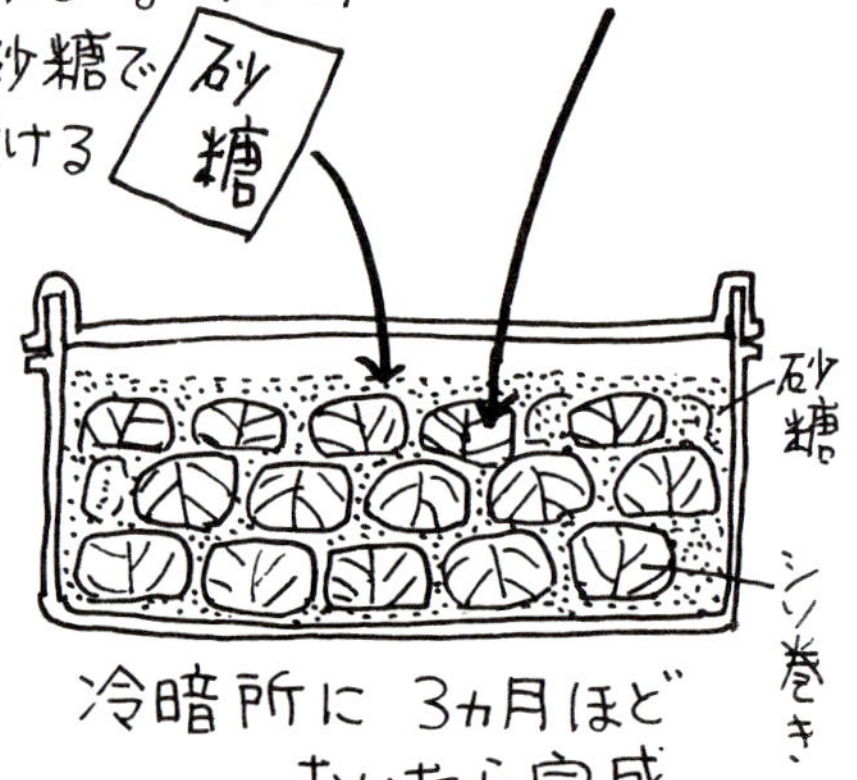
砂糖
砂糖
シソ巻き

冷暗所に 3カ月ほど
おいたら完成

（イラスト：近藤 泉）

漬け物お国めぐり (318) 梅の

私は梅の加工品をつくるのは大好きですが、もともと梅が嫌いで、ほとんど食べません。でも、この梅シソ巻きは、酢っぱさが控えめで、私もおいしく食べられました。手間がかかって大変ですが、皆が「お茶うけにいい」と喜んでくれるので、つくりがいがあります。

① 下ごしらえ

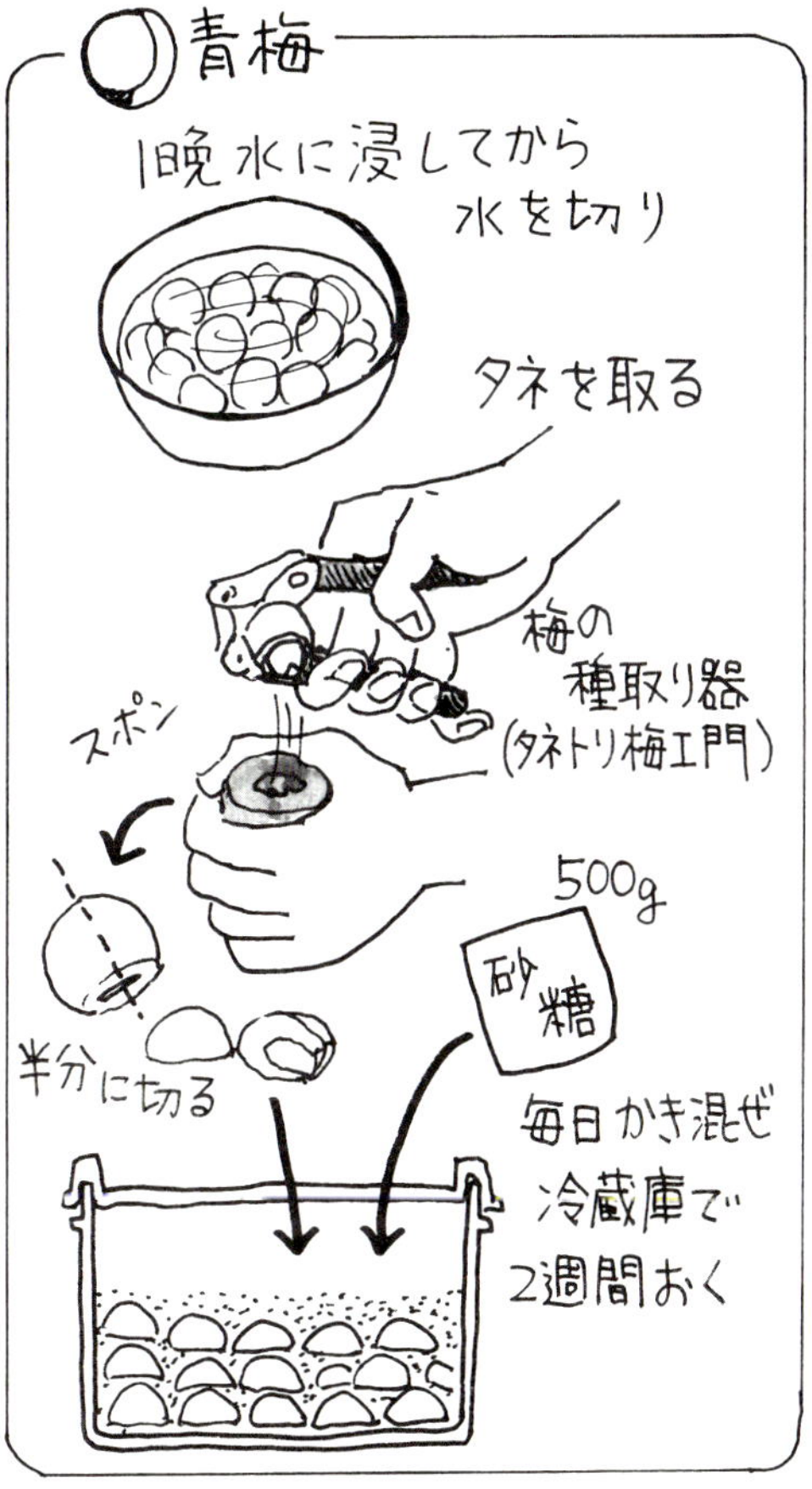
青梅
1晩水に浸してから
水を切り
タネを取る
梅の
種取り器
(タネトリ梅エ門)
スポン
半分に切る
500g
砂糖
毎日かき混ぜ
冷蔵庫で
2週間おく

シソ
水を切ったシソを
白梅酢
白梅酢に
しんなりするまで
漬ける
漬けおわったら
よく搾る

〈材料〉

青梅……………1kg

砂糖…………約2kg

シソの葉……青梅1粒に2枚

白梅酢…………200ml

現代農業2012年７月号

絶品梅シャーベット、隠し味に醤油をちょっと

島根県雲南市●祝原光雄さん

島根県雲南市の梅農家、祝原光雄さん宅で、絶品の梅シャーベットの作り方を教えてもらいました。

まず、完熟に近い梅（約3kg）を一晩水に浸けてアク抜きします。翌日、水からあげて鍋へ移し、砂糖（目安は3kg、少なくても可）と合わせて弱火でじっくりコトコト煮込みます。トロトロになってきたら醤油を鍋にひと回し。「コクが増して、味も引き締まるんだ」と祝原さん。醤油がなじんだら火を止めて冷まし、タネをとってからジップロック®に入れて冷凍します。

シャリシャリの食感と甘酸っぱさがたまらない、やみつき梅シャーベット。保存がきくので、夏はもちろん年中いつでも食べることができます。お客さんのお茶請けに出すと、あまりのおいしさにしょっちゅう作り方を聞かれるそうです。

現代農業2016年7月号

夏は梅酢ドリンク

和歌山県みなべ町●永井智也子さん

一四ページの記事で登場していただいた永井恒雄さんの妻 智也子さんは、梅干しを漬けるときに出る梅酢で、夏場にぴったりの飲み物を作っています。

材料は水五〇〇㎖、梅酢二〇～三〇㎖、ハチミツ二〇～三〇㎖、レモン果汁一個分。これらを混ぜ合わせ、冷蔵庫で冷やしておいたり、水筒やペットボトルで持ち歩き、しょっちゅう飲んでいるそうです。

農家は日中、暑いところで仕事をしています。のどが渇いたときの水分補給に、汗で失われた塩分を取り戻すのに、また、熱中症を防ぐのに、この梅酢ドリンクは「最高」だといいます。

梅のクエン酸のおかげで、夏バテにもなりません。「手近にあるもので、お茶代わり。それに、スポーツドリンクも買わなくてすむでしょう」と永井さん。

現代農業二〇一六年八月号

おそれいります
が切手をはって
お出し下さい

郵便はがき

3350022

埼玉県戸田市上戸田
2丁目2−2

（受取人）

農文協
読者カード係 行

◎このカードは当会の今後の刊行計画及び、新刊等の案内に役だたせていただきたいと思います。　はじめての方は○印を（　）

ご住所	（〒　－　） TEL： FAX：	
お名前	男・女　　歳	
E-mail：		
ご職業	公務員・会社員・自営業・自由業・主婦・農漁業・教職員（大学・短大・高校・中学・小学・他）研究生・学生・団体職員・その他（　）	
お勤め先・学校名		日頃ご覧の新聞・雑誌名

※この葉書にお書きいただいた個人情報は、新刊案内や見本誌送付、ご注文品の配送、確認等の連絡のために使用し、その目的以外での利用はいたしません。

- ご感想をインターネット等で紹介させていただく場合がございます。ご了承下さい。
- 送料無料・農文協以外の書籍も注文できる会員制通販書店「田舎の本屋さん」入会募集中！
  案内進呈します。　希望□

■毎月抽選で10名様に見本誌を1冊進呈■（ご希望の雑誌名ひとつに○を）

①現代農業　②季刊 地 域　③うかたま

お客様コード □□□□□□□□□□

お買上げの本

■ご購入いただいた書店（　　　　　　　　　　書店）

●本書についてご感想など

- -

●今後の出版物についてのご希望など

この本をお求めの動機	広告を見て（紙・誌名）	書店で見て	書評を見て（紙・誌名）	インターネットを見て	知人・先生のすすめで	図書館で見て

◇新規注文書◇　郵送ご希望の場合、送料をご負担いただきます。

購入希望の図書がありましたら、下記へご記入下さい。お支払いはCVS・郵便振替でお願いします。

（書名）	（定価）¥	（部数）　部
（書名）	（定価）¥	（部数）　部

第4章

梅の加工
あれやこれや

小池手造り農産加工所の梅加工品の数々（72ページ）

冷凍梅にしておくと何かと
加工しやすい（78ページ）

梅肉エキス（88ページ）

「枝分かれ式」に発想した梅の加工品

長野県飯田市・小池手造り農産加工所㈲●小池芳子さん

小池さんが作る梅加工品の数々（撮影：すべて倉持正実）

ほったらかしの運命にあった梅が商品になった

長野県阿南《あなん》町の養鶏農家、伊豆光男さん・光枝さん夫婦が、裏山で収穫した梅を、飯田市で、小池芳子さんが経営する小池手造り農産加工所㈲へ持ち込んだのは一昨年（二〇〇二年）のことだった。三〇本ほどあるその梅園の地主さんは、リンゴが農業経営の柱。農協が梅を買い取ってくれなくなったのをきっかけに、自分で収穫する気力が失せてきたらしい。「代わりにもいでくれればありがたい」といわれた伊豆さん、「『現代農業』読者のつどい」で知り合った小池さんのところに一五〇kgの青梅を運び込んだ。

小池さんの手にかかると、梅はいろんな加工品に変身する。そのまま放置される運命にあった梅の実は、梅ジャムや梅ジュースや梅肉エキスになって返ってきた。卵や卵油を宅配していた伊豆さんは、梅の加工品もお客さんに届けられるようになった。昨年（二〇〇三年）は収穫する量を増やして、三六〇kg分の梅を加工してもらっている。

伊豆さんが梅の加工を頼む小池さんの農産加工品の中身に迫ってみたい。とはいっても、全部で五〇種類にもなる小池さんの加工品。加工の技を数え上げれば切りがない。そこで、梅の加工について紹介しよう。

農産加工は、枝分かれ式に発想する

農家のための農産加工会社を経営する小池さんは、委託加工分以外の梅も持ち込まれるものはすべて買い取るのだそうだ。そのまま市場流通できそうなきれいな実もあるが、格外品もある。でも、過熟ぎみの黄色くなった梅は梅干しに向いているし、ふつうなら捨ててしまうような梅でもジャムやジュースになる。実の小さい竜峡小梅の青い実は、梅の砂糖漬けや梅肉エキスにぴったりだ。とくに梅肉エキスの場合、大きい梅だと苦みが出やすい。

梅の砂糖漬けの作り方

1. 収穫したての梅（小梅がいい）を洗い、消石灰（食品加工用）を少量溶いたアルカリ水に2～3時間浸ける。これによって、梅の果肉にパリパリした張りが保てる。
2. 消石灰液からあげた梅を適当な量の塩でもみ、そのまま一晩放置。すると果肉からタネがはがれやすくなる。
3. 果肉を割る（割れ目を入れる）。梅割り器もあるが、大量に割るにはビールビンでたたいたほうが早い。
   割ることによって、漬け込んだときに梅のエキスが外へ抽出されることなく、シワができずに張りのある状態が保てる。これはアンズやサルナシを砂糖漬けする場合も同じ。
4. 水に30分～2時間さらして「酢抜き」。酸味とアクを抜く。酸っぱいのが苦手な人ほど、長い時間水にさらすといい。
5. 脱水機・遠心分離機のようなものにかけて水気をとる。
6. 梅20kgに対して砂糖12kg、焼酎600mℓの割合で加えて漬ける。このまま1カ月以上経てば食べられる。長く置いて発酵しそうになったら、汁だけ取り出し、いったん煮立てて戻せばいい。

梅の砂糖漬けから生まれる加工品

なお、漬けるときに焼酎のほかにブランデーも少量加えると「ブランデー入り梅の砂糖漬け」のできあがり。この場合は、大きい梅でも小さい梅でもいい。

また、醸造酢を5合ほど加えると、梅のパリパリ感がいっそう増す。酢には発酵を抑える効果もある。

梅肉エキスの作り方

梅肉エキスを煮詰める小池芳子さん

1. 水洗いした小梅の青梅を、ミキサーなどで生のままつぶし、布でこして青い汁を搾る。タネも一緒につぶしてかまわない。
2. 搾り汁を、必ずステンレスかホーローの鍋で煮詰める（強い酸性のため、アルミや鉄の鍋では溶出して害になる）。液をすくってたらしてみて、糸を引くように細く切れずにたれるくらいの粘りが出てくるまで煮詰める。

梅肉エキスと梅肉エキスあめ。梅肉エキスのパッケージには、成分のムメフラールに血流改善効果があるなど、健康に役立つことを書いたチラシを折り込んである。あめに加工するのは他の加工業者に委託

梅エキス（梅シロップ）の作り方

洗った梅を丸いまま、梅の重さの75％の砂糖と混ぜて、そのまま1週間置くと抽出できる。水はいっさい加えない。

砂糖漬けの場合と違い、果肉が割れていないと、砂糖によってエキスがすべて外へ抽出される。1週間すると梅には味がなくなっているほど。タネの中身まで抽出されて、紙のように薄くなってしまう。

梅エキスの場合は、果肉を食べる砂糖漬けと違って果肉のシワは関係ないので、収穫したばかりの梅にこだわる必要はないし、冷凍保存しておいた梅を使ってもかまわない。大きい梅でも小さい梅でもいい。

梅ジュース

梅エキスを4倍に水で薄めたものが梅ジュース。

梅シソジュース

梅エキス3に対して、シソエキスを1の割合で混ぜる。それを4倍に薄めるとできあがり。

シソエキスの作り方は、

1. 夏の晴天時に収穫したシソを用意。雨のあとや秋になってからのシソではきれいな色が出ない。
2. シソの葉は、一度に煮出すより3等分して3回に分けて煮出していったほうが、かさばらないし、濃い色のエキスになる（濃いほうが保存性もよい）。3分の1のシソを煮出したらシソを取り出し、次の3分の1を加える。これを繰り返す。
3. すべてのシソを煮出し終えたら、クエン酸を少量加える。すると、煮出したあとの緑色の液が赤紫色に変身してシソエキスのできあがり。シソと一緒に、最初からクエン酸を入れるときれいな色にならないので注意。

梅エキス（中央）と、これをもとに作る加工品

クエン酸液

梅シソジュースにさらにクエン酸を加えるとクエン酸液になる。このとき入れるクエン酸は、梅シソジュース16ℓに対して100gくらい。疲労回復に抜群の効き目。

どんな梅でも、素材の良さを引き出して商品化するのが農産加工。そして、一次加工したものに手を加えれば、また別の商品になる。

砂糖で抽出して「梅エキス」を作っておけば、それが「梅ジュース」にもなるし、炭酸水で割って飲んだり、焼酎を割るのに使ってもおいしい「クエン酸液」もできる。梅ジュースと「小梅の砂糖漬け」を合わせれば「梅ゼリー」のできあがり。梅ジュースにシソの汁も加えれば「梅シソジュース」だ。また、梅エキスと味噌で「梅みそドレッシング」。梅干しを作ったときにくずれたものを生かせば「ねり梅」になる、という具合。

小池さんによると、「次々に枝を伸ばすように、その先に花を咲かせるように発想する」のだそうだ。梅を材料にした加工品はとくに多くて、これだけで一八〜二〇種類になるという。

梅の加工品を案内する小池手造り農産加工所のチラシにはこうある。

「青梅は生で食べるとアミクダリン（青酸配糖体）という毒があって、生食には向かない果実です。しかし、加工するとその効能はすばらしく、天の恵みというにふさわしい果実です。」

梅ジャム／カリカリ梅漬け／梅みそドレッシングの作り方

梅ジャム

❶ ジャムに向くのは、熟して黄色くなり、甘みが出てきた小梅。まず水洗い。

❷ 柔らかくなるまで煮る。このとき銅線を入れて煮るときれいなジャムになる。好みによって酸味を抜きたい場合は、煮る前の梅にいったんお湯を注いで「酢抜き」をする。水を換えてから煮始める。

❸ 柔らかくなった梅からタネを取り出す。ザルなどで裏ごしすればいい。

❹ ドロドロになった梅の果肉に砂糖を加えて煮る。砂糖ははじめは半分くらいの量を入れ、ある程度煮詰まってきたところで残り半分の量を加えて仕上げる。小池さんは、どんなジャムの場合も糖度45度を目安に作る。

カリカリ梅漬け

❶ 収穫したての梅を洗い、消石灰（食品加工用）を少量溶いたアルカリ水に2～3時間浸ける。

❷ 消石灰液からあげた梅に塩とニガリを加えてもむ。塩は梅の重量の15％、ニガリは梅3kgに対して100mℓくらいの割合。梅の色が変わってくるまでもむ。あとは、そのまま重石をしておけば3日くらいで食べられる。

なお、重石をする前に、焼酎を少量加えておくと、いっそうカリカリ感のある梅に仕上がる。

梅みそドレッシング

「梅みそドレッシング」といっても焼肉のタレのようなとろみがあり、そのままなめてもおいしく、ご飯がおかわりできそうな味。焼きおにぎりやコンニャクにつけたり、野菜のあえものにしてもいい万能ダレ。

不思議と視察に来た人もよく買っていくとか。その理由として小池さんは「ダイズの発酵食品がブームになって、味噌も体にいいというイメージができたせいかな。味噌味って意外となくてね。競争相手が少ないから売れるのかな。今後は、ニガリの入った本物の塩をウリにした味も注目だと思うよ」と話す。

作り方

作り方は大きく分けて3つ。小池さんのところでは、一番傷みにくい❶の方法で作っている。

❶ いったん梅エキスを作ってから、味噌を混ぜる方法

生の梅の実を入れると傷みやすいので、いったん梅エキスを作ってから味噌と合わせる。味噌に梅エキスを混ぜてミキサーにかけてから、プツプツと煮立たせる。あまり煮詰めると味噌の色が黒くなってしまうので注意。あくまで味噌のこうじ菌の活動を抑えるために火を通すだけ。

味噌と梅エキスの割合は、味噌の味にもよるので好みで。できあがった味噌が固い場合はリンゴジュース（甘すぎる場合は水でもよい）などを混ぜてゆるくする。

❷ いったん梅を煮てから、味噌と混ぜる方法

真っ黄色に完熟した梅を煮て、タネをとり、裏ごしする。これと味噌、砂糖（好みによるが梅の50％）を混ぜて、軽く煮立てる。味噌が固い場合はリンゴジュースまたは水でゆるくする。

❸ 梅を加工しないで生のまま味噌に漬け込む方法

ビンの中に梅、味噌、砂糖の順で同量ずつ入れる。味噌に梅の風味が移るまで（2～3カ月）漬けて、ドロドロになってきたら梅を取り出し、火を通して殺菌。

かつては、手をかけて食べる技を持った主婦がいて家族の健康を守ってきましたが、現在、その技はきちんと伝承されていません。だからこそ、小池手造り農産加工所は頑固につくり続けていきたいと思います」

現代農業二〇〇四年七月号
現代農業二〇〇五年七月号
現代農業二〇〇六年四月号

梅干しと梅干しをもとに作る加工品。「ねり梅」はくずれた梅干しのタネを除いて練ったもの。ねり梅をマヨネーズに練り込むと「健康マヨネーズ　梅干し」。「お漬物の素」は、梅干しを漬けたときの液

梅干しの作り方

1. 梅干しには、過熟ぎみの黄色くなった梅を使う。青い梅しか手に入らなければ、そのまま日陰に置いて黄色くする（ただし傷みやすいので注意）。水洗いしたら、梅の重量の12%の塩をまぶして重石をする。このまま2カ月、9月頃まで漬けておく。
2. 塩漬けしてやわらかくなった梅を干す。しっかり干し上げる。雨が降らなければ夜も外に出したままでOK。天地返しは、朝露のあるうちにザルをゆすって転がすようにするとうまくいく。ザルにくっついていたら無理にさわらずに、翌朝のもっとしっとりしている（湿度が高い）時間帯に再チャレンジ。
3. 干し上がった梅をビニール袋や桶に入れ、果肉の中からアメがにじみ出てくるまで、約1カ月寝かせる。
4. こうしてやわらかくなった梅を、最初に梅を漬けた液にシソエキスを加えた液へ漬ける。シソは塩でもんで加えてもいい。10～15日漬けたらできあがり。

枝分かれ式に生まれる梅の加工品

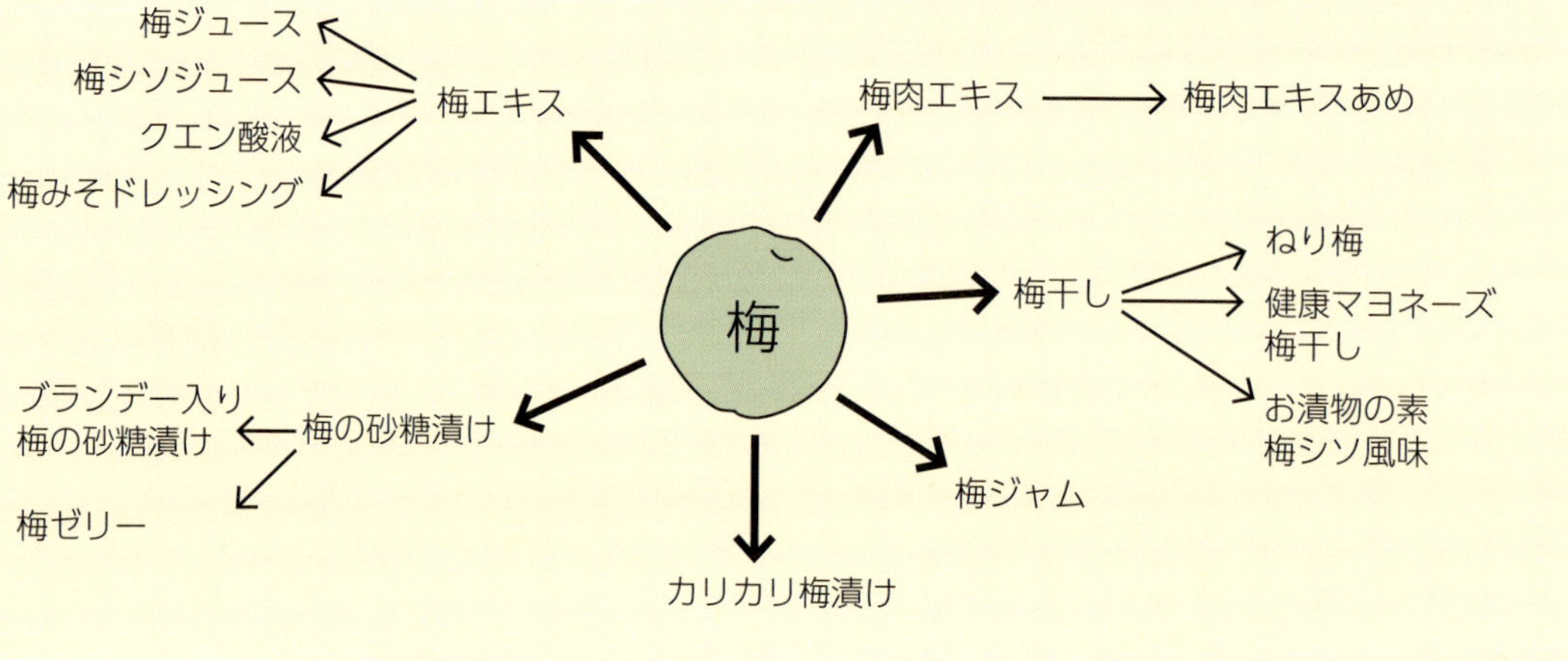

梅
梅エキス
梅ジュース
梅シソジュース
クエン酸液
梅みそドレッシング
梅肉エキス
梅肉エキスあめ
梅干し
ねり梅
健康マヨネーズ
梅干し
お漬物の素
梅シソ風味
梅ジャム
カリカリ梅漬け
梅の砂糖漬け
ブランデー入り
梅の砂糖漬け
梅ゼリー

さわやか！生梅シロップ煮

大分県宇佐市●糸永譲二

約三〇分間、四三℃に保つ

私は三年前から宿泊なしで、日中に里山散策や秘密基地作りなどの農村体験をしていただく農家民泊を続けています。

お母さんと子どもたちに喜ばれるのが、生梅のシロップ煮です。黄色くなりかけた、白っぽい梅はおしゃれなプラムの味。皮のうぶ毛が独特の食感で、意外とおいしい。温度計とにらめっこしながら、理科の実験感覚で楽しみながら約三〇分で作れます。

シロップの温度は四〇℃だと梅にしみ込むのに時間がかかり、四五℃を超えると割れやすい。経験上、四三℃がベストでそれを保つことが必要です。

エグ味がなく、さわやか

ふつうの梅ジュースは、エグ味などがあり、飲むのを嫌がる子も。シロップ煮にはそれがなく、梅そのもののフレッシュな味わいを楽しめます。

実は、うまくいっても、半分くらいの実は割れてしまいますが、つぶしてジャムに。こちらも不思議とエグ味がなく、さわやかな味になります。

現代農業二〇一五年七月号

黄色になりかけた、白っぽい梅をシロップに漬ける

43℃で温めると、色が黄色っぽく変わる。皮がちょっと破れる程度なら成功

生梅シロップ煮の作り方

材料

水 1ℓ／砂糖 700g／生梅 30個ほど（熟す前の白くなり始めの無キズの物）

作り方

1. 0.5％程度の塩水（材料外）に一晩漬けて酸味を抜く
2. 水に砂糖を煮溶かしてシロップを作り、43℃まで冷ます
3. ごく弱火で温度を43℃に保ちながら、梅の実を数個ずつ、1分くらい間隔をあけて入れていく（一気に入れると温度が下がる）
4. 温度が45℃以上になりそうなときは、火を止めずに鍋を持ち上げて調整
5. 20分ほどで梅に透明感が出る。1個を犠牲にして竹串を刺し、果肉の硬さを見る
6. さらに4～5分置くと、色が黄色っぽく変わってできあがり（竹串を刺したのが最初に変色）

＊冷蔵庫で1カ月ほど保存可（ときどき動かしたほうが日持ちする）

＊つぶれた実は60℃くらいで煮て、シロップで甘さを調整しながらジャムにする

レモン・クエン酸の代わりに冷凍梅を使いこなす

福岡県香春町●末時千賀子

冷凍梅

右からヤブツバキのシロップ煮、八重桜のシロップ煮、イチゴジャム。冷凍梅を入れて煮ると色鮮やかになる

落ち梅を拾う人

私の住む地域は農村で、隣の田川市は昔、炭鉱で栄えた街でした。坑内で働く人たちは「宵越しの金は持たない」と結構ぜいたくをしたものです。しかし、石炭から石油へとエネルギーの主体が変わるとともに、炭鉱は閉山に追い込まれていきました。

その頃より、生活が苦しくなる人が増え、農繁期には田舎のほうに来て落ち穂拾いや落ち梅を拾う人を見かけました。黙って拾う人もあれば、「子どもが多くて食べていくのが大変なので、梅を拾わせてください」とお願いしている人もいました。おかずがなくても、梅干しがあれば、一粒でご飯二杯食べられるという人もいました。

私も子どもながらに、「梅というものは貴重なのだ」と、なんとなく思っていました。

ヤブツバキの花を摘む筆者（撮影：戸倉江里）

落ち梅の絨毯がそこかしこに……

昭和四十年代に大分県日田市大山町では、「梅栗植えてハワイへ行こう」というキャッチフレーズで梅をブランド化し、パスポートの所持率が日本一といわれたことがありました。

それを真似てか、私の住む地域でも梅の木を植えるようになりました。しかしその後、どの家も高齢化が進み、梅に関心を持たない世代の人が増えました。今では梅の時期はどこもかしこも落ち梅の絨毯のような状態になっております。

そうなると、私のもったいない精神に火がついて、夜明けとともに梅ちぎり、梅拾いの日々が始まります。家に持ち帰り、梅漬け用、料理用など、大きさ、キズの有無などで仕分けます。夕方になると、また梅が気になり、日暮れまで梅拾いをして、夜の仕事となります。家の中は梅のにおいが充満します。悪いにおいではないので、ザルに広げたり、ガラス鉢に入れたりして、一時は部屋の飾りのようにもなります。

そのうち、近所の人が「直売所に出したけれど売れなかったので」と言って軽トラや一輪車で運んでくれたりします。「母は梅にうなされています」と娘が人に言ったこともあるみたいです。これも子どもの頃の「梅を拾わせてください」と言っていた人の姿が忘れられないからだと思います。

ヤブツバキのシロップ煮の作り方

材料

ヤブツバキの花 100ｇ／水 2カップ／冷凍梅 3～4個／砂糖 100ｇ

作り方

1. 材料のすべてを鍋に入れて、約20分（花びらがとろりとなる程度）煮る
2. ヨーグルトやアイスに混ぜたり、水や炭酸で割ってジュースに（花も食べられる）

＊ペクチンやゼラチンを入れてジャムにしたり、寒天で固めてデザートにも

＊八重桜の花などでも同様に作れる

冷凍梅を入れて小鯛の甘露煮

カリカリ梅漬けや梅肉エキスから始まり、梅ジュースや梅干しと、さまざまなものに加工しますが、使いきれない分は、とりあえず塩漬けして白梅酢をとったり、冷凍保存しておきます。

そのなかで、キズ物の冷凍梅は、レモン汁やクエン酸の代用として、酸味をきかせる料理などに一年中使います。たとえば、小鯛やアユの甘露煮などを作るときに、冷凍梅を二～三個入れると、魚の骨がやわらかくなって食べやすくなります。梅の実ではなく、白梅酢を入れてもよいですが、その場合は塩分があるので、醤油を控えめにします。上品な色に仕上げたいときなどは、白梅酢を使うといいです。

豚バラ肉の角煮などの肉料理でも、冷凍梅を入れるとやわらかくなります。冷凍した梅はほどよく酸味が抜け、甘味が加わりおいしいです。

ジュースやジャムにも冷凍梅

ジュースやジャム作りにもよくレモン汁やクエン酸を使いますが、これも

冷凍梅で代用できます。たとえば、黒豆ジュース、ブドウジュース、シソジュース、ナスの皮ジュースなども、素材を煮るときに、冷凍梅を何個か入れるだけで、鮮やかな赤色（アントシアン色素）を引き出すことができます。青ジソを梅と一緒に煮出しても、薄いピンク色になります。

　秋から春先まで咲くヤブツバキの花びらも、とってきてはシロップ煮にします。これも冷凍梅を入れて煮ると色鮮やかになります。水や炭酸で割って飲んだり、ペクチンやゼラチンを加えてジャムにしたりします。

煮くずれしにくい冷凍梅のシロップ煮

　早いうちにちぎった青梅の冷凍は、梅のシロップ煮によいです。こちらは大きくて形のよいものを使います。

生梅を煮るとすぐに皮が破れて失敗しやすい。それを防ぐために、生梅から作るときは一晩塩水に浸けます。しかし、冷凍梅だとその必要はありません。煮くずれしにくいからです。八〇℃くらいで加熱しても大丈夫です。とはいえ、油断すると沸騰させてしまうので、十分な注意が必要です。

　青梅は火が通ると、青色が消えて茶色っぽくなります。でも、その後に銅

完熟梅のジャム

愛知県小原村（現豊田市）・西村自然農園
●西村文子

　完熟してアンズのようになった梅で作ると、色も味もよくなります。枝が高くてどうしてもとれなかった梅が熟して自然に落ちてきたのを拾い集めて少しずつ作ります。6月下旬から7月上旬が作りどきです。完熟梅で作ったジャムは、水で薄めてネクターのようにして飲んでもおいしいものです。あるいは、少量の水でゆるめてピザソースにしてもよいです。バナナやチーズともよく合います。

作り方

1. 耐酸性の鍋に梅を入れ、水をひたひたに加え、強火だと煮くずれるので弱火でゆでる。沸騰したら火を止め、冷めるまで置く。煮くずれしやすいのでていねいに扱う。
2. ザルに静かにあけて水気を切る。そして、もう一度水を入れ、沸騰するまで静かにゆでる。冷めるまで置いてそっとザルにあけ、水気を切る。梅の成分が流れてしまい、もったいないような気もするが、酸味と渋味をしっかり抜かないと砂糖がたくさん必要になり梅の香りや旨味を感じにくくなる。
3. 粗目のザルで、竹ベラを使いタネと果肉をこし分ける。このとき、皮も一緒にとれるので色の美しいなめらかなジャムになる。
4. 果肉の重さの50～70％の砂糖を入れ煮詰める。こげやすいので注意。私がジャムをフライパンで作るのは、水分が蒸発しやすいし、竹ベラで混ぜるのもラクだから。少しゆるいうちに、火を止める。
5. 冷めるとかなり硬くなるのが梅ジャムの特徴。熱いうちにビンに詰める。フタをしてすぐ逆さまにし、冷えるまで置く。冷えたら冷蔵庫で保存する。
6. 仕上がったジャムは、ジップロック®のような保存袋に入れ、平らにして冷凍しておく。場所もとらず、冷凍してもやわらかいので、必要な分だけをスプーンですくって使える。味がずっと変わらないのもうれしい。

「人気農家レストランが教える　四季の料理保存のワザ」（農文協）に一部加筆

鍋で煮ると、不思議と元の青色に戻ります。

黄色くなった完熟梅も、冷凍してシロップ煮にするとやさしい味にできます。青梅のようなさわやかな色は出ませんが、やわらかくふわっとできて、味としてはこちらのほうがおいしいです。

何年経っても悪くならない

自然のものには、一つとして同じものはありません。自然のものを自然のまま作るのが一番いいと思います。青梅のシロップ煮などは少し難しいですが、何度も味を確かめ、失敗しながら、回数を重ねることで、微妙なさじ加減がわかってくるかと思います。

私の家にはまだ、結婚した頃に漬けた梅も少し残っています。梅干しは何年経っても悪くなりません。日本列島、いつ何が起きるかわかりません。いざというときに役に立つのではなかろうかと思うと、捨ててしまうことなどできません。

現代農業二〇一五年七月号

冷凍梅で梅味噌ドレッシング

千葉県横芝光町●小川京子

冷凍梅で一年に数回作る

毎年、梅の季節には、梅酒や梅干し、梅シロップ、甘酢梅などを作りますが、年によってはキズ梅などが残ってしまい困っていました。そんなとき、梅一kgに味噌一kg、砂糖一kgで梅味噌ドレッシングができると聞き、それ以来、一〇年以上作り続けています。

この梅味噌、もとは福岡の八女地方の郷土料理「梅酢味噌」が始まりのようです。今は自分流の作り方で冷凍梅を使って一年に数回作っています。

一〇日でできあがり

梅と味噌を冷凍しておき、砂糖を加えて一日一回ずつかき混ぜると、五日目頃にはとろりとした酢味噌ができ、一〇日目頃にはサラッとしたドレッシングができあがります。生の梅だと一カ月以上かかりますが、冷凍すると、梅の組織が壊れるので、エキスが出てくるのが早くなるようです。しかも生梅より発酵もしにくくなるようです。

できたドレッシングはザルでこして梅を取り除き、ペットボトルに入れて保存します。ペットボトルに八分目ぐらい入れて冷凍保存しておくと、猛暑でも発酵しません。ペットボトルだと、お客様にあげたりするにも重宝します。

最初に教えてもらったときの砂糖の分量は一kgでしたが、甘かったので二回目からは七五〇gにしました。

サラッとした梅味噌ドレッシングは、生野菜にぴったり。わが家ではイチゴを栽培していますが、若くて酸っぱいイチゴとミズナに、このドレッシングがよく合います。酢水にさらした生のヤーコンにかけてもおいしいです。亡くなったおばあちゃんはトマトにかけてよく食べていました。そのほか、ゆでたイカや、豚肉のしゃぶしゃぶ、ゆで鶏などにも合います。五日目頃のとろりとした酢味噌は、ゆでたネギなどにかけてヌタにするとよく合います。

このドレッシングはキズ梅でもできることから、残ったキズ梅は梅味噌ドレッシングのレシピをつけて直売所に並べたりしています。お客さんの誰かが作ってみて気に入ってくれたらと思いながら……。

現代農業二〇一二年八月号

10日でできる梅味噌ドレッシングの作り方

材料

冷凍青梅１kg
黄色の完熟梅でもキズ果でもいい

白砂糖750ｇ
分量はお好みで

冷凍味噌１kg
ふつうは味噌が袋にこびりついてとりにくいが、袋に入れて冷凍すれば、3辺をハサミで切って開くだけで味噌がきれいに取り出せる

作り方

❶ 大きめのタッパーや梅酒用のビンに、冷凍梅、冷凍味噌、白砂糖を入れ、フタをしてそのまま２日ほど置く

❷ 10日ほど経ったところ。
２日目から、水分の溶け出たところをしゃもじなどで梅をつぶさないようにかき混ぜる。５日目頃、砂糖が溶けてとろりとしたら酢味噌ができ、10日目頃にはサラッとしたドレッシングのできあがり

❸ ザルなどでこして梅を取り除く

❹ ペットボトルに入れて冷凍保存する

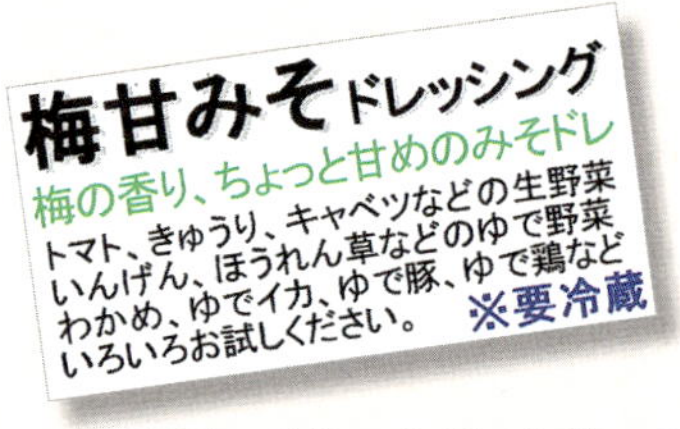
梅甘みそドレッシング
梅の香り、ちょっと甘めのみそドレ
トマト、きゅうり、キャベツなどの生野菜
いんげん、ほうれん草などのゆで野菜
わかめ、ゆでイカ、ゆで豚、ゆで鶏など
いろいろお試しください。 ※要冷蔵

このシールをペットボトルに貼って人にあげています

失敗しない！梅ジャムの作り方

元神奈川県農業総合研究所●小清水正美

左が青梅のジャム、右が完熟梅のジャム

梅にはペクチン（砂糖や酸を加えるとゼリー状になる多糖類）が豊富に含まれているので、ジャムにするにはぴったりの素材。ただ、梅の品種や収穫時期によってペクチンの量はまちまち。ジャムの仕上がりが固くなったり、やわらかすぎたりして、結構難しい。

そこで、神奈川県の専門技術員をしながら長年ジャム作りの現場に接してきた小清水正美先生に、梅ジャム作りの極意、誰でも上手にできる方法を紹介いただく。（編集部）

品種の違いを楽しむジャム

「農家だからこそできる」「小回りがきくからこそできる」ジャム作りの出発点は原料となる農産物の特性を知ることです。

梅ジャムにはゼリー状に固まったジャムやネットリと練り上げたペースト状のジャムなどいろいろなタイプがあります。ここでは透明感があり、フルフルと揺れるゼリー状に固まっているジャムについて説明します。

まずジャムに加工できる梅の品種は梅干しと違って、すべての品種が使えます。原料の特性を生かすことを前提にするので、品種によって色、香り、味が違えば、ジャムの品質も当然、異なります。品種の違いを楽しみながらのジャム作りとなります。

同じ品種でも完熟、未熟をどう処理するかはじめに考えておかねばなりません。木に成っている状態でぷっくりと膨らみ、黄色に色づいてくれれば完熟とわかりますが、梅によっては木に成っている状態では完熟しても黄色に着色しにくい品種があります。これも

筆者

❶ ヘタをとった梅を5～10倍の水に入れて、梅が全部浮かびあがるまで沸騰させる

❷ 網の上で裏ごし。こされたものが梅ピューレ

❸ 150 gの梅ピューレを鍋に入れる（はかりの数字は鍋の重量が引かれている）

仕上がり重量の計算式

砂糖の重量÷糖度＝できあがり量

完熟梅の場合、砂糖の量はほぼ同量150g、糖度は55%に設定

150 (g) ÷ 0.55 = 272 (g)

梅ピューレと砂糖合わせて300gが272gになるまで加熱すればよい

黄色にはなっていなくても完熟と考えてよいと思います。ジャムには完熟のほうが適しています。

　いっぽう、未熟、いわゆる青梅は、収穫してから一～二日以内に黄色くなったものをジャム原料と考えています。

品種の数×熟度の段階＝ジャムの品質数

品種と熟度別にジャムを作り出せば「品種の数×熟度の段階＝ジャムの品質数」となり、膨大な種類となります。しかし実際は品種によるジャム品質の差異が大きくないものもあります。あるいは地域のブランドとなっている梅を中心に考えるなら、品種数はそれほど多くありません。品種をどのように見るかはジャム作りの戦略ともいえるでしょう。

　また、黄梅と青梅についてもそれぞれ別々に製品化するのか、いずれか一方とするのか、いろいろな熟度のものを混ぜて標準的な製品とするのか、いくつかの選択肢があります。

　では、品種や熟度によってジャムの品質にどのような差異が出るのでしょう。たとえば、果肉の色がだいだい色ならだいだい色、黄色なら黄色のジャ

ペクチンテスト（ジャム作り）の手順

4 砂糖を入れる前に、200 ～ 300mℓの水を入れ、10 ～ 20分加熱

※梅ピューレが抱き込んでいる空気の泡を抜くため

※加えた水分はほとんど蒸発する

5 砂糖150gを投入。272gになるまでかき混ぜながら、加熱する

6 272gの状態。ゆるそうに見えるが、梅はペクチンが多いので火を止めてからもゼリー化してくる

ムになり、濃緑色ならくすんだ緑色になります。香りも原料の香りに若干の加熱臭が加わった香りになります。酸は酸っぱさに関わることもありますが、ゼリー化の強さにも影響します。

たとえば小梅品種の「甲州最小」は、大きな梅より酸が少ないので、所定の作り方をすると甘味が勝った味に仕上がり、それと同時にゼリー化が弱くなります。また、甲州最小の青梅は黄梅に比べ芳香成分が少ないので芳醇感は少なくなります。そしてペクチンが強すぎるので、ペクチンを薄める必要があります。

梅を沸騰水で加熱すると裏ごししやすくなる

以上のことを踏まえて、黄梅を原料にした場合の加工の工程に準じて説明しましょう。

黄梅は生果でも冷凍したものでも使えます。ここで注意するのはヘタや花ガラの存在です。茶色のヘタはピンセットでつまみとります。

そして原料の五～一〇倍量の水に梅を入れて加熱します。沸騰水で加熱することで果肉がやわらかくなり、裏ごしができるようになります。梅に熱が

入ると浮き上がってくるので、全部梅が浮き上がったら揚げザルですくいとり、裏ごし用の網の上に置き、裏ごし。これがジャムの原料となる梅ピューレです。大切なのは、このピューレの品質がどのようになっているかを確認することです。

まずは少量 試しに作ってみる

ピューレの品質を確認する場合、科学的な方法だと、糖度、酸は測れても、ペクチンの質と量を測ることは簡単ではありません。ペクチンテストを目的として試しにジャムを作ってみるのが一番適切な方法です。

まず一五〇gの梅ピューレを正確に量り、同量の砂糖を量ります。糖度を五五％に設定し、梅ピューレに砂糖を加えて糖度五五％になるように炊きあげた場合のできあがりの重量を計算します。これは砂糖の重量（一五〇g）を糖度五五％（〇・五五）で割れば求められます。その結果、二七二gになるので、この重量を目標にペクチンテストを始めます。

もっともこの計算をしなくても、糖度計を使えば、仕上がりの糖度五五％を測ることはできますが、梅の持っている糖・酸が足し込まれる影響と、熱いジャムなので正確に測るのはかなり厳しい。その点、重量を量る方法は簡便で正確です。二kgのはかりがあれば、鍋ごと重量を量り、問題なくできます。

倒立放冷しているところ。
ジャムができたらビンに詰め、軽くフタをして、蒸気で15～20分殺菌。フタをきつく閉め、30分ほど倒立放冷（ビンの中にいる耐熱性の菌を殺すため）。ジャムを冷やしたあとは、2～3日様子を見る。ほどよくゼリー化すればOK。固すぎたり、やわらかすぎたりしたら、梅ピューレと砂糖の配合を変える

ペクチンテストのやり方

▼泡を抜くために、梅ピューレに水を加えて沸騰

二七二gに炊きあげることを目標にペクチンテストを始めますが、ステンレス鍋に梅ピューレ一五〇gと砂糖一五〇gを入れて加熱したら、数分で目標の重量になります。しかし、この短時間の加熱では、ペクチンやパルプ（繊維質）が抱き込んでいる空気を除いたり、加熱によってペクチンの凝固力が低下する影響は見ることができません。そこで、梅ピューレに二〇〇～三〇〇㎖の水を加えて、一〇～二〇分くらい加熱し、梅ピューレを沸騰させて抱き込んでいる空気の泡を除きます。この処理をすると梅ピューレに加えた水分はほとんど蒸発してしまいます。

▼砂糖を加えて、目標重量まで炊きあげる

ここではじめて砂糖を加えて、目標の重量二七二gに炊きあげ、ビンに詰め、脱気加熱、倒立放冷など通常のジャム加工工程と同様に仕上げます。

調整したその日はゼリー化しなくても、翌日になってゼリー化すればよいので二～三日はゼリー化の状況を確認します。

▼ユルユルだったら、梅ピューレを増量

ゼリー化が認められないなら、ペクチンを濃くしなければなりません。梅ピューレの量を一五〇～一七五g、あるいは二〇〇gまで増量して、再度ペ

クチンテストをすれば適切な配合とできあがり量が計算できます。

▼固すぎたら、梅ピューレを減量

ゼリー化している場合でもゼリーが固く、空気の泡をたくさん抱き込んでいるならペクチンが濃いので、梅ピューレを一二五gあるいは一〇〇gに減量して、再度ペクチンテストをすれば適切な配合とできあがり量が計算できます。

完熟なら砂糖は同量、青梅ならピューレに水を足す

このペクチンテストで砂糖に対する梅ピューレの割合が決まるので、次も同じような条件で加熱し、砂糖を加えて炊き、重量で炊きあげの終点を決めれば、同じようなジャムに仕上がります。

重量での確認ができないときは、糖度計で終点を決めるしかありません。ペクチンテストでゼリー化が一番よいジャムの糖度を測定し、この糖度に合わせて仕上げてください。このときの糖度は梅ピューレが持っている糖と酸の値が足されるので五五％以上を示します。

完熟黄梅では梅ピューレに対し砂糖はほぼ同量になりますが、青梅や青梅を追熟させた黄梅では、ペクチンが強いので梅ピューレを水で希釈しなければよいゼリー化のジャムは作れません。

また、調整した梅ピューレはごく短期間の保存なら冷蔵で結構ですが、長期保存だとペクチンが変質するので、必ず冷凍してください。

現代農業二〇〇九年七月号

農作業のあとに
飲むヨーグルトふう梅ジュース

新潟県新潟市●長谷川一夫

子どもの頃から、クズ湯、ヨーグルトなど、ドロッとした飲み物が大好きでした。

農作業で汗を流したあとに飲む、よく冷えた「飲むヨーグルト」は格別においしく、1日1ℓ以上飲んでいましたが、牛乳に酢を入れると、飲むヨーグルトふうに変化すると知り、その後はそちらを愛飲していました。ただ、ここ数年は、毎年大量に仕込む梅ジュースを牛乳で割った、飲むヨーグルトふう梅ジュースに替え、夏バテ防止用に常用して飲んでいます。暑い夏場は、氷を３～４個入れて飲むと最高です。

梅ジュースの酸を摂取することで、血液の流れがよくなり、さらに、便秘にも効果があるように思われます。

友人が来訪すると、必ず一杯出してもてなします。大好評です。

材料

梅ジュース（梅2kg、リンゴ酢500mℓ、氷砂糖1kgを3カ月以上漬ける）／牛乳

作り方

梅ジュースを牛乳で８倍に薄めて攪拌。10分ほどで飲むヨーグルトふうに変化する。

現代農業2015年８月号

ラクラク ハンドル搾りなら梅肉エキスが五時間でできる

山口県柳井市●日高正輝

❶ 大きくて新しく緑っぽくてキズの少ないものを2～3kg（100～120個）拾う

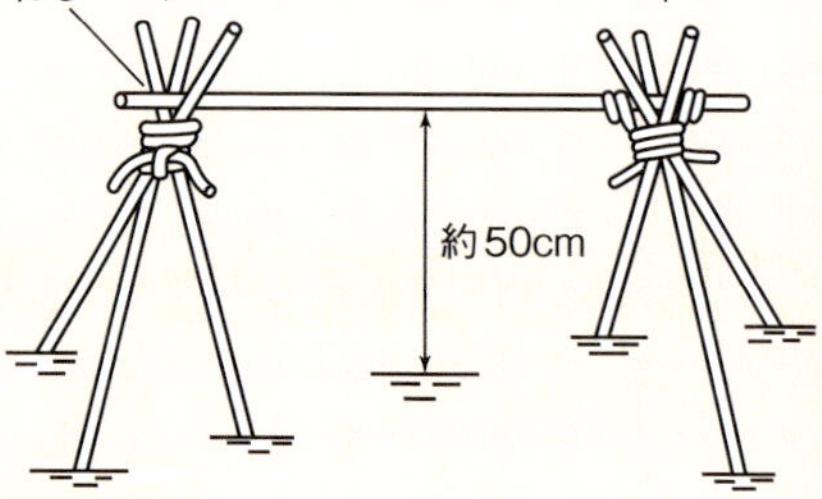

❷「鉄棒」のような装置を作る。横木の一方は杭に結び、他方は上にはずれるように

❸ 実を容器に少しずつ入れ、軽くたたき、タネを壊さないように実をつぶす

❹ 手でもんで果肉とタネを分離。タネはそのまま残すが、割れた破片は取り除く（搾るときに布に穴があく原因になる）

放置された梅林に宝がある

近年、枝が伸び放題になった梅林をよく見かけますが、私が耕す畑の近くの梅もご多分にもれず、豊作の年には、実がブドウの房のようにぶら下がり、梅雨のシーズン到来とともに、まさに「梅の雨」となって落っこちます。

「落果した梅を始末して道を掃除し、ついでによい果実をもらってよいか」と持ち主にたずねたところ、「どうぞどうぞ、枝に成っている実も全部とってよいです」とのこと。これがきっかけで、落ちた梅の実を使った梅肉エキスを作るようになりました。

青梅だと時間と手間がかかる

ふつう、梅肉エキスの原料には、まだ硬い青梅が使われますが、青梅の場合、おろし金や、すり鉢を使ってすりつぶすので、時間と手間がかかります。

ラクラク ハンドル搾りのやり方

一般的な製法では梅の実1kgでエキスが20g前後できればいいほうですが、この方法だと40gもできます

❼ このときは2.5kgの実で、1100gの果汁が搾れた

❺ こし布を用意。中央にもう1枚の布を重ねて果汁液を置き、巻き寿司状に縦長に包む

＊果汁が布に吸着される割合を減らすため、あらかじめ布は浸水して絞っておく

❻ 布の両端を結んで、「鉄棒」に差し込み、ハンドルとなる棒で袋をねじって搾る。内側に粘ついたカスは、ときどき袋をもみほぐして袋内のタネでこすり取る

❽ 家に持ち帰って、土鍋で煮詰める。はじめは弱火でアクをとり、徐々にごく弱火に。終了間際はこげつかないように注意。4時間程度でできあがり

＊エキスを入れたビンは必ず冷蔵庫に保管。エキスが固まったら、ビンごとお湯の中に入れるとよい

ミキサーを使うにしても、タネをはずすのに手間どったり、加えた水で果汁の量が多くなり、煮詰め時間が長くなります。台所を一日以上占拠してしまうこともあり、家族にも迷惑をかけてしまいます。

　また、手入れされた梅林ならともかく、雑草が生い茂る放置林の場合、枝から実をふるい落としたあとに草を分けて拾ったり、直接枝からとったりするのも大変です。

高齢者でも簡単に搾れる

　いっぽう、落ちた実を拾うだけの半熟または完熟果は、やわらかくてネバリがあり、こし布で搾っても目詰まりしやすく、大変です。そのためもあってか、古来、青梅がエキス製造によいとされてきました。

　しかし、ハンドル搾りなら、力の弱い高齢者でも簡単に搾ることができます。野外で搾るので、台所作業は煮詰めるだけ。拾って果汁を搾り煮詰めてビン詰めするまで、五時間程度です。以前と比べるとまるで「遊び」のような簡単さに、自分でも驚いています。

現代農業二〇一四年七月号

ワイン漬け

群馬県川場村
宮田りえ子

③砂糖とワインで漬ける

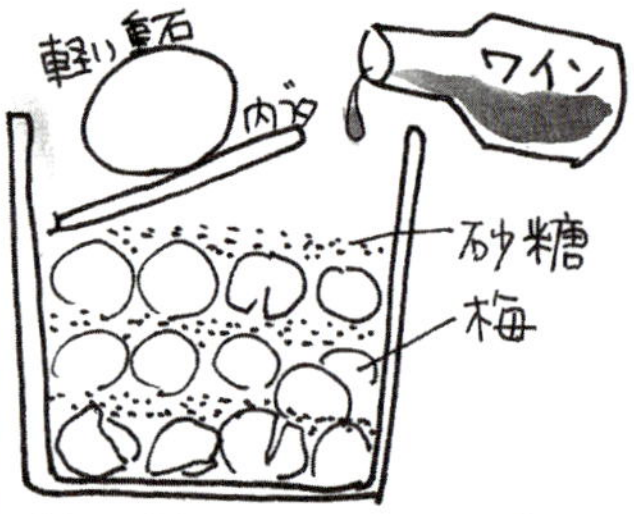

梅と砂糖を交互に重ね、上からワインを注いだら 内ブタをして重石をして、冷暗所に約20日間おく。

④赤シソのアクを搾る。

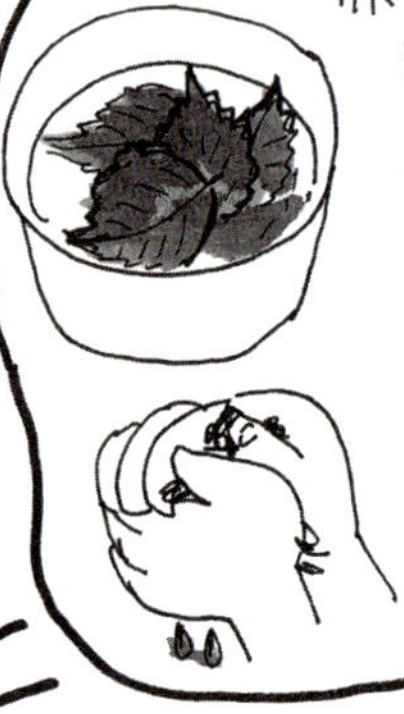

赤シソの時期がきたら、葉だけを③であがってきた汁(梅酢でも可)に1時間ほど浸す。

しんなりした葉を取り出してよくもみしっかり搾る

⑤梅とシソを合わせて漬ける

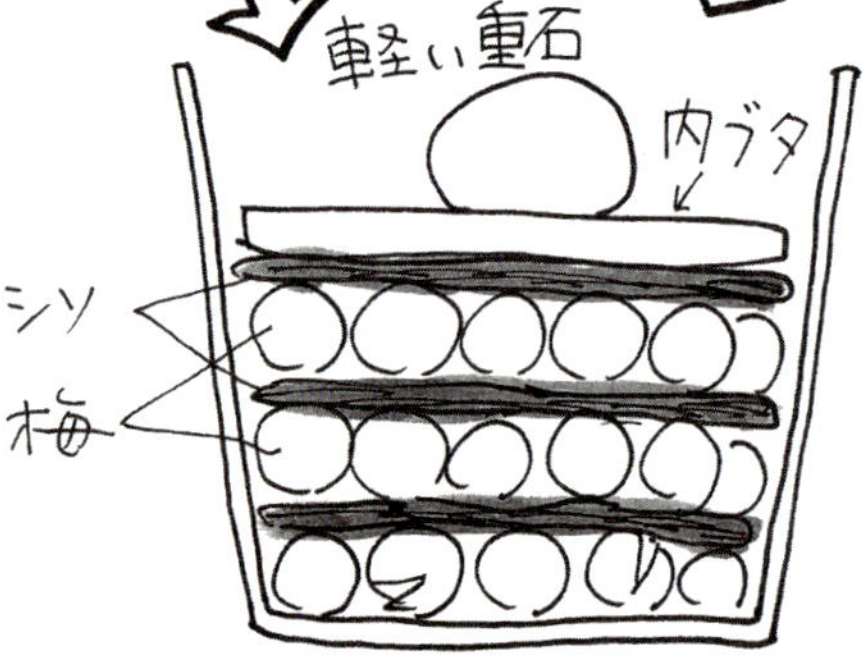

③の梅と汁を一度取り出し、梅とシソを交互に重ねて 最後に汁を戻して漬けなおす。

冷暗所で2ヵ月くらいおくと食べ頃

シソの風味とワインの香りが梅に染み込みカリカリした食感がお茶うけにピッタリです

え・近藤泉

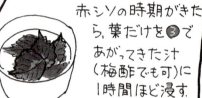

漬け物お国めぐり（300）　梅

たまたま知り合った山梨の方に教えてもらったのが、小梅を使ったワイン漬けでした。　おいしかったのですが、食感がイマイチだったので、大粒の硬い青梅を使ってみたところ、カリカリとしてさらにおいしくなりました。

わが家ではいろいろな漬け物をつくって道の駅などで売っていますが、一番人気の商品です。

① 梅を塩漬けする

梅と塩を袋に入れよくもむ。

〈材料〉

青梅（大粒）	1kg
塩	200g
赤ワイン	1.5〜2合
砂糖	500〜700g
赤シソ	適量

袋の梅を漬け物容器に移し、重石を載せて水が上がるまで漬ける（1〜1日半）

② 梅を塩抜きする

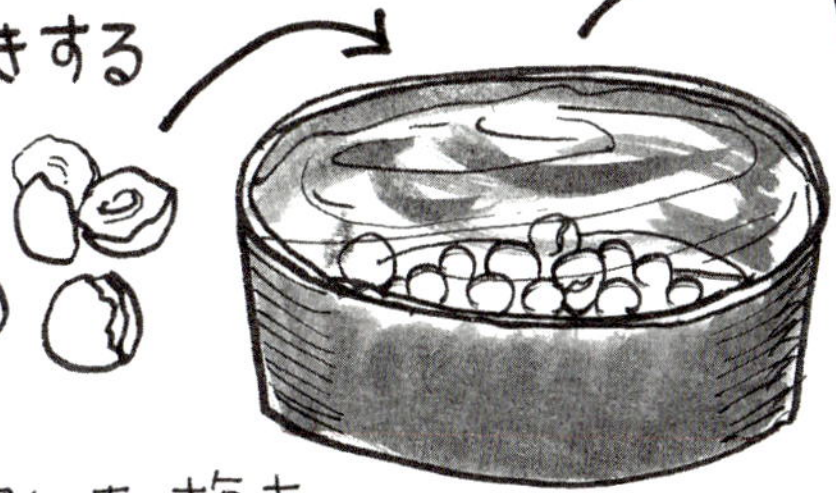

ザルにあげて半日くらいおいてよく水を切る

木づちなどで割った梅を約1日水にさらして塩抜きする

現代農業2010年7月号

浮かし漬け

茨城県常陸太田市
須藤 百合子

漬け物お国めぐり (327) 梅の

重石を使わず、液に浮かして漬けるので、手軽に梅干しができます。シソも使いませんから長く置いても梅が黒っぽく変色しないのも特徴です。わが家では毎年、親戚や友人に味見をしてもらっていますが、「おいしい、私も作ってみたい」とけっこう好評で、皆さん、自分なりにアレンジを加えて、楽しんでおられるようです。

〈材料〉

完熟梅	10kg
塩	1kg
砂糖	1kg
焼酎（25〜35度）	1.8ℓ
酢	200mℓ

洗って水切りした完熟梅を塩でよく揉む。

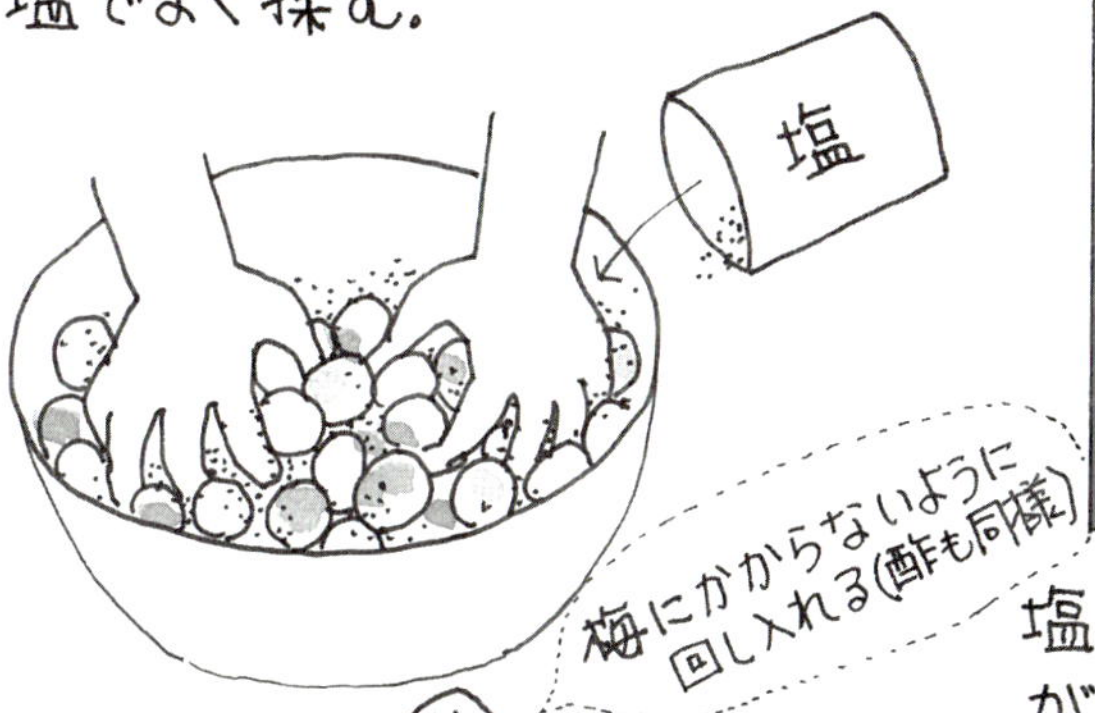
塩
梅にかからないように回し入れる（酢も同様）

焼酎
梅
砂糖
ポリバケツ
2日後

塩を揉みこんだ梅と砂糖を交互に入れ、焼酎と酢を回し入れ、フタをする。

塩と砂糖が溶け、梅エキスが上がってくる。

週に1回、消毒した手でかき回す。

1ヵ月で漬け上がる

現代農業2013年7月号

かおり梅

長野県 飯田市
宮脇 幸子

本漬け ①梅割り器や空き瓶で、梅に割れ目を入れる。
・こうしておくと、出来上がりの梅が縮まない。
・食べるときにタネがとりやすい。

ビール瓶などの底を使うと、うまくできます。
ふきん
まな板

②4~5時間ほどの間水をかけ流しにする。
食べてみて、ちょっとすっぱいくらいまで塩分と酢をぬく。

③梅をザルにあげ、タオルなどでよく水気をとる。

④広口のビンに梅と氷砂糖を交互に入れ、上からブランデーを注ぐ。

氷砂糖
ブランデー
小梅

3週間ほどで食べられるようになり、1年以上保存できます。

ほのかないい香り

漬け汁も、梅シロップとして冷水やソーダで割り、飲み物やゼリーにするとおいしい！

イラスト：近藤 泉

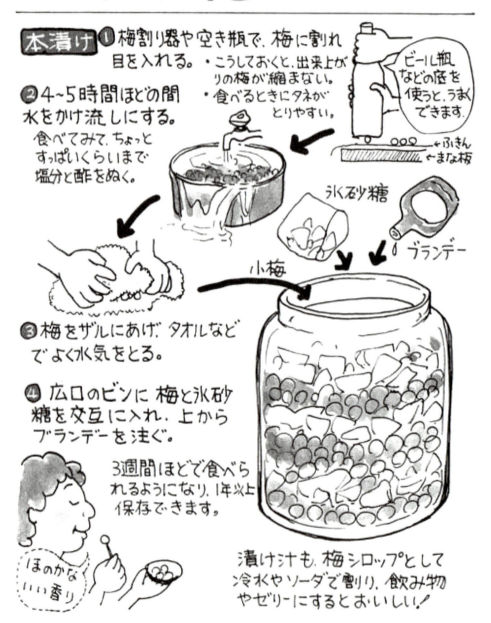

漬け物お国めぐり（245）

ブランデー入りの

ウメ農家のお母さん8名でつくった「下久堅《しもひさかた》の食を考える会」で小梅の加工を始めて10年。安全・安心と自然の色にこだわった商品はどれも自慢のものばかりですが、ナンバーワンがこれ。「かおり梅」はパリパリとした歯ざわりで、お口の中でほのかにブランデーの香りがします。子供さんからご年配まで、とくに女性の方に人気です。

下漬け

❶小梅を半日くらい水につけ、アクを抜く。

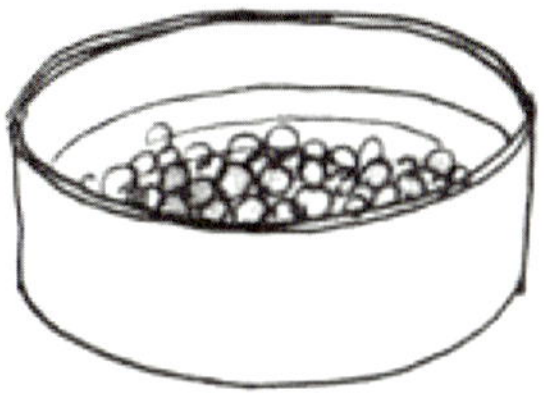

ニガリを入れることで半年以上たってもパリパリ感が続きます。

❷水からあげ、塩とニガリをまぶしてよくもむ。

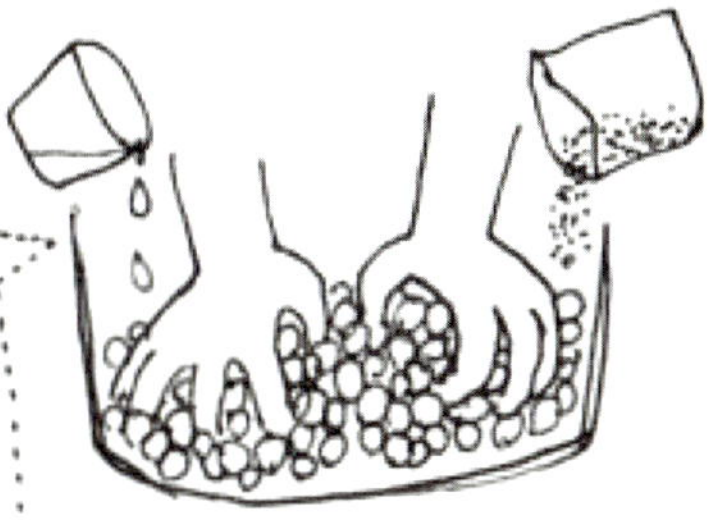

❸重石をして一晩おく。

翌日梅酢があがる。

〈材料〉

	小梅	1kg
下漬け	塩	50g
	ニガリ	50cc
本漬け	氷砂糖	700～800g
	ブランデー	200cc

現代農業2004年5月号

梅の「醤油にドボン」漬け

岐阜県南濃町（現海津市）●松永洋子さん

最近の若い人は漬け方がわからないから梅を見ても買わないといいますが、岐阜県南濃《なんのう》町に住む松永洋子さんのお家にお邪魔したとき、とっても簡単な梅漬けの作り方を教えていただきました。

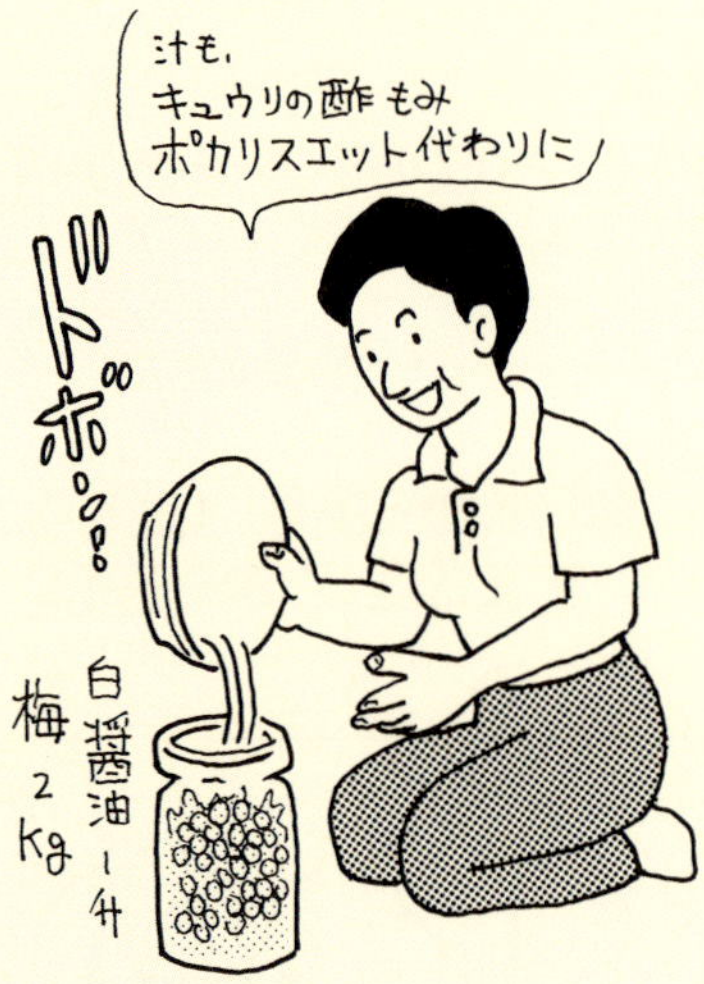

料亭などでよく使われる白醤油（色が薄く淡白な味の醤油）1升に、梅2kgを「ドボン」と入れる。あとは冷暗所に置いて、待つこと10日。ただこれだけで、おいしい梅漬けのできあがりです。お茶請けにもビールのつまみにも最適。

残った汁はキュウリの酢もみにかけたり、水で薄めてスポーツドリンクなどの清涼飲料水代わりに暑い日に飲むとスッキリするそう。一度作れば1年はもちます。

コツは熟す前の、青い梅を使うこと。黄色いのは絶対ダメだそうです。また、もぎたてのまっさらな梅を使うのもポイント。八百屋で買ってきても少し遅いことが多いので、自分の家の梅か、直売所で新鮮な梅を探して、作ってみてください。

現代農業2003年7月号

「ニガリ」で小梅のカリカリ漬け

埼玉県上里町●福田利子さん

埼玉県上里町の福田利子さんは早期退職して本格的に旦那さんのマイタケ農園を手伝うことになったのを機に、農場の一角に小さな加工場を作りました。もともと手作りが大好きな利子さん。惣菜と漬物の免許をとり、ワクワクしながらいろいろな商品を試作する毎日です。

昨年（2002年）直売所に出したなかで大好評だったのが、長野県の人から教わった「小梅のカリカリ漬け」。

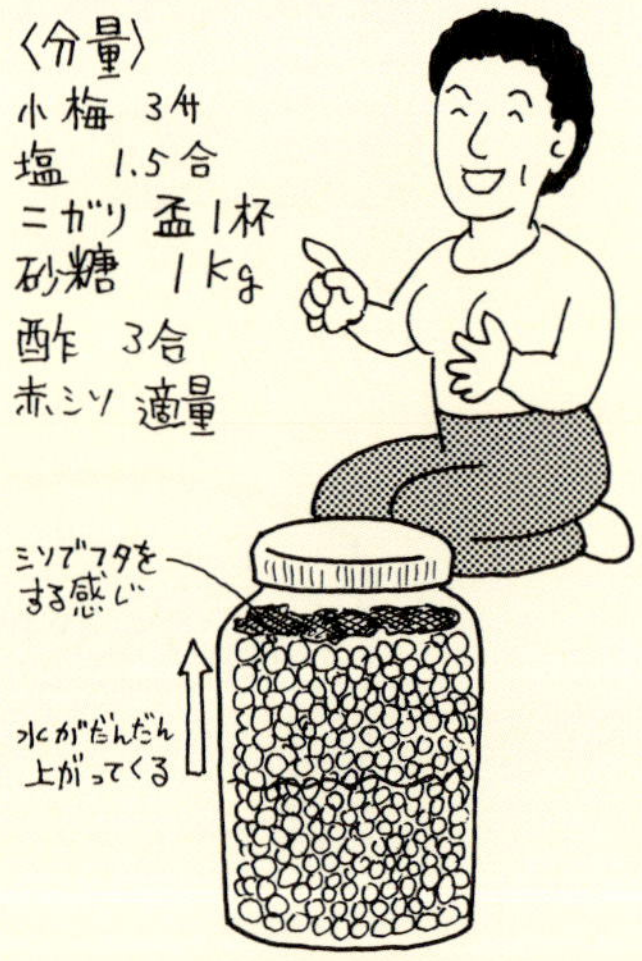

6月にまだ青い小梅を収穫したら、まず、カリカリと仕上げるためのニガリ（豆腐屋で譲ってもらう）と塩をまぶします。2日間しみ込ませたら、砂糖と酢を合わせた液に漬け込みます。福田さんの住む地域では小梅より遅れてシソができるので、シソができしだい、塩もみして梅の上にのせます。

約1カ月で薄ピンク色のカリカリ漬けができあがり。1粒食べればのどの渇きがピタッと止まる不思議な梅漬けです。

このまま保存できますが、夏場は常温だとやわらかくなってしまうので、冷蔵庫の中（5℃）に入れるといいそうです。

現代農業2003年6月号

梅味噌床で簡単漬物

島根県邑南町●佐貫みどりさん

「熟した梅が余ってどうしよう？味噌と合わせてみるか」と、たまたまできた梅味噌床。梅の香りがほんのりと漂い、さわやかな味。

タネもとらず、梅と砂糖をゆっくり煮詰めていく（撮影：すべて戸倉江里）

梅味噌床。ときどきかき混ぜ、味が落ちたら、味噌や砂糖、酒粕などを加える。梅の香りが残る半年〜1年使える

ふつうのヌカ漬けと同じく、キュウリやナスを漬けて食べる

梅味噌床の作り方

1. 熟れた生梅1升（約1kg）を、砂糖1kgと混ぜて弱火でゆっくり煮る
2. こげるのが心配なら、適当にみりんを加える。1時間ほどで味噌のような状態に
3. 粗熱がとれたら、味噌を1kgほど加えてできあがり

現代農業2015年7月号

梅の漬け床

和歌山県みなべ町●寺垣みち子

梅農家が作る「梅の床」

「梅農家なので、天日干しする前のつぶれた梅（塩漬けした梅）を何か食材に利用できないだろうか?」と、先代（父）が漬物を真似て作ってくれて、私たちに食べさせてくれたのがきっかけです。子どもの頃の思い出のおかずです。今は、できあがった梅干しを使って「梅の床」（簡単浅漬けの素）として販売しています。

わが家では、キュウリ、ダイコン、ナス、ヤマイモ、ニンジン、ミョウガ、ピーマン……、冷蔵庫にある野菜をなんでもかんでも漬けて食べています。野菜から出る水分が「梅の床」の上に上がってくるので、キッチンペーパーなどで吸い取ります。漬ける時間を短くしたいときは野菜をカットして入れますが、野菜そのまんまを入れるほうが、よりおいしいですよ。

梅干しをつぶし、砂糖を入れたのが「梅の床」（甘い漬物が好きなら、梅の約2分の1の砂糖）。野菜を切って漬ける場合は5～20分、切らずに漬ける場合は2時間でできあがる。床は冷蔵庫に入れておけば約3カ月使える

夏バテ知らず

夏場の暑い日は農作業のあと、食事も食べられませんでしたが、この「梅の床」で漬けた野菜だけはどんなに暑い日が続いても、食べることができました。そして、夏バテしにくくなりました。梅干し一粒はなかなか食べないけど、「梅の床」の漬物は毎日ボリボリ食べています。

近頃は、お子さんのいる家庭でたいへん重宝されています。「夏でも、お弁当に入れるおかずが腐らず、においもいいから、子どもも喜んでくれる」とうれしい声も届いています。また、「主人のビールのアテにも簡単に作れて、健康的」と喜んでくれる人もいます。若い娘さんがいる家では、「ヘルシーダイエットとしてサラダ感覚で食べている」という声もいただいています。

（てらがき農園ホームページ：http://www.mukasiume.com/）

現代農業二〇一二年十二月号

梅酢を使って

豆腐を梅酢に漬けるだけ 絶品！ 山のチーズ

高知県津野町

外は梅酢の赤に染まるが、切り口は豆腐の白。見た目にも楽しい（撮影：すべて小倉かよ）

高知の山里で人気のお茶請け。梅干しを漬けたあとに残った梅酢で簡単にできる。さっぱりとした酸味と濃厚な舌触りで、チーズのような食感。

材料は豆腐と梅酢のみ。豆腐を加熱してから漬けると、長持ちするし濃厚な味になる

山のチーズの作り方

1. 水切りした豆腐を２～３cmの厚さに切り、焼き色がつくまで焼く
2. 少し冷ましたら、ひたひたの梅酢に漬ける。１日置いたら完成

現代農業2015年７月号

梅酢を使って

ピンクが鮮やか
桜の白梅酢漬け

長野県長野市●稲田和子

春になると決まって桜の花の白梅酢漬けを作ります。梅を塩漬けしたときに上がってくる汁（白梅酢）を利用して桜の蕾を漬けたものです。ちょうどよい塩気であっさりしています。お湯に浮かべて桜茶にしたり、ゼリーにのせていただくととてもおいしく食べられます。簡単に作り方をご紹介します。

六月頃に収穫した梅を一八～二〇%の塩で漬けます（塩加減は各自お好みで）。そのとき、上がってきた白梅酢をとっておきます。

長野市は四月になると桜が咲きます。家には薄ピンクの八重桜があるので、花が満開になる前のぷっくりと膨らんだ蕾を摘んできて、とっておいた白梅酢に漬け込みます。小ビンに蕾を入れ、ひたひたくらいの白梅酢を入れます。すると、漬けてから数日で全体がきれいなピンク色に変化していきます。

桜はおめでたいときにいただくもののようです。最近も孫のお祝いのときにみんなで桜茶をいただきました。

現代農業二〇一三年五月号

桜の白梅酢漬け

花びらがきれいに開いた桜茶

梅酢を使って

桜の花漬け

失敗しないポイントを伝授

元神奈川県農業総合研究所●小清水正美

どんな桜の花でもできる

湯のみの中でほんのり淡い紅色の花びらを広げる桜の花。甘い香りを漂わせ、口に含むと塩味と酸味がふわっと広がる桜茶は、桜の花漬けに熱湯をさすだけでできます。たびたび口にするものではないけれど、春の喜び、祝いの喜びを演出するには欠かせない一品です。

桜の花漬けは桜の花、塩、梅酢があれば作ることができます。桜の花漬けの本場・神奈川県では、濃いピンクの八重花を咲かせる「関山」と、淡いピンクの八重花の「普賢象」という品種で漬けています。しかし、桜の花ならどんな品種でも香り成分（クマリン）を持っているので、花漬けに使えます。一重より八重のほうが見た目が豪華で、短時間にたくさん摘み取れます。

量が多ければ樽に漬け込んで作りますが、少量ならポリエチレン袋で作れます。

失敗しないポイントは花の適期収穫、速やかな漬け込み処理、材料の適切な配合割合、塩と梅酢を桜の花の中へ完全に浸透させることなどがあげられます。

失敗しない作り方のコツ

▼満開になる前の花を摘む

桜の花は開花直後のものや開花途中のものを摘み取ります。満開の花では、漬け込むあいだに花弁が散りやすく、桜茶にしたときにもブワーッと開いて風情がありません。また、房ごと摘み取るときは、そのうちの一輪が開花しているくらいのものを摘み取ります。

▼素早く漬け込み、蒸れ防止

花を摘み取るときには、袋の中で花が蒸れやすいので注意が必要です。一時間程度で収穫を終えるなら大丈夫ですが、一日中収穫するとなると先に摘んだ花は蒸れてしまいます。たくさん摘むときは、収穫と漬け込みを交互に行なったり、複数人で作業を分担する

ようにします。

摘み取った花には土ぼこりや小さな虫がついているので、サッと水洗いします。水切りは大量なら遠心分離機（洗濯機の脱水槽）を使い、少量のときはタオルに包んで振り回せば水は切れます。

▼花の一六％の塩、五〇％の梅酢

洗った花の重さを量り、花の重さの一六％の塩と、五〇％の白梅酢を準備します。

花が一kgくらいのときはプラスチック製の五ℓの樽を用意します。花と塩を交互に入れながら容器に詰めます。花を容器に一並べしたら塩をふって一押し、その上に花と塩をふって一押しを繰り返し、すべての花を容器に入れます。

塩は下のほうはやや少なく、上のほうを多めにふり、残った塩を一番上にふって一押しします。準備した白梅酢を容器の縁から注ぎ込み、花の上からギュウギュウと押し、漬け液を花の上まであげます。花梗が折れてポキポキという音がしますが、かまわず押し続けます。漬け液が上がりだすとジュクッ、ジュクッという音がし、上面にもじわじわとしみ出してきますが、もう少し押し続け、押している手の甲にも漬け液がまわるくらいまで押します。

押し終えたら花の上面にプラスチックシートをのせ、押しブタと重石をのせます。重石は一kgの花なら二～三kgの重さがよく、ポリ袋に小石を入れたものが便利です。

▼花の中へムラなく酢をまわす

漬け込み後一～二日置いたら、花の固まりをほぐしながら天地返しをします。花弁の間に梅酢と塩がまわっていないままにしておくと異常発酵し、花弁に水泡ができたり、ドブ臭が発生したりします。花弁一枚一枚に梅酢と塩を接触させると、花の生理活性が止まり、異常発酵を防ぐことができます。

天地返しを終えたら元のように花の上面にプラスチックシートをのせ、押しブタ、重石をのせて、保存します。

漬け込み後一週間ほど経ったら（長く置いてもかまわない）、陰干しして仕上げます。花を引き上げ、手でキュッと絞り、干し網やザルに広げます。一～二日干して七〇～八〇％の重さになったら取り込み、陰干しした花の重さの二〇％の塩を均一にまぶします。原料が一kg程度なら、ポリ袋に陰干しした花と塩を入れてふり混ぜると、均一に混ぜることができます。

保存容器に入れ、冷暗所に保存して適宜利用します。

あんパンや桜飯のほか、焼酎のお湯割りにも使える

桜の花漬けは桜茶として利用することが多いのですが、あんパンや大福もち、ようかんなどの飾りにも使えます。

また、桜飯として炊き込んだり、炊きあがったご飯に混ぜ込んだりします。ケーキやアイスクリームなどに使うこともできます。また、焼酎のお湯割りに入れるとグラスの中に桜が咲き、華やかさを盛りあげます。

桜の花漬けを作ると桜の香りの強い桜紅色の漬け液が残ります。これには一五％の食塩と三～四％の酸が含まれているので、乾燥させて桜塩を作ることもできます。また、そのままドレッシング素材としたり、野菜を漬け込んで桜風味の漬物とするのもよいでしょう。

現代農業二〇一三年五月号

桜の花漬けの作り方

❶ 花漬けの材料。桜の花、塩、白梅酢。梅酢がないときは４％のクエン酸液に15％の食塩を混ぜればよい。クエン酸の代わりにレモン果汁でもよい

❷ 桜の花と塩を交互に入れ、白梅酢をまわしかけているところ。塩は桜の花の重さの16％、白梅酢は50％

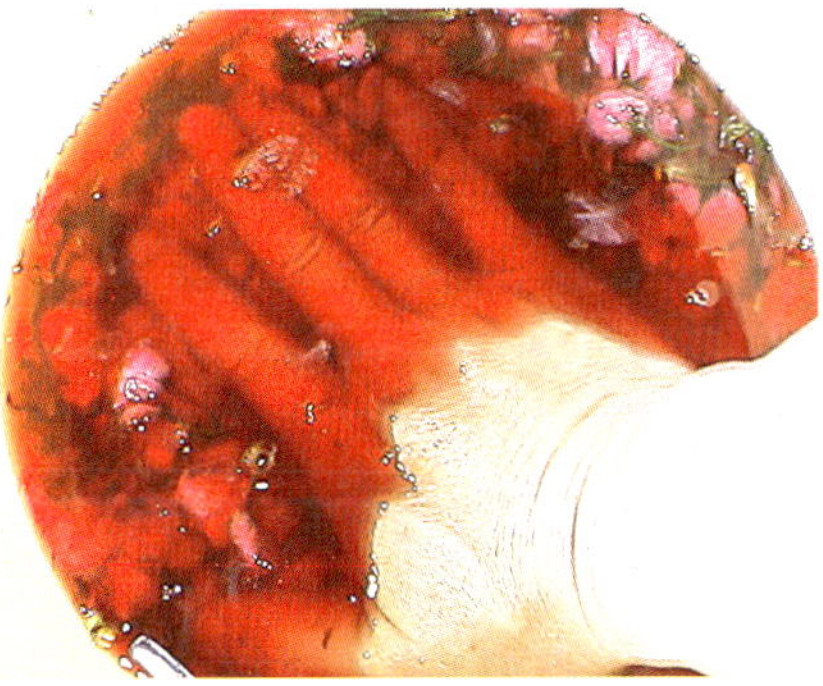

❸ 漬け込んで１～２日経ったら、花の間に酢がよく入るように、花をほぐしながら天地返しをするのがコツ

❹ 水分を飛ばすために１～２日陰干しする。元の重さの70～80％になるまで干す

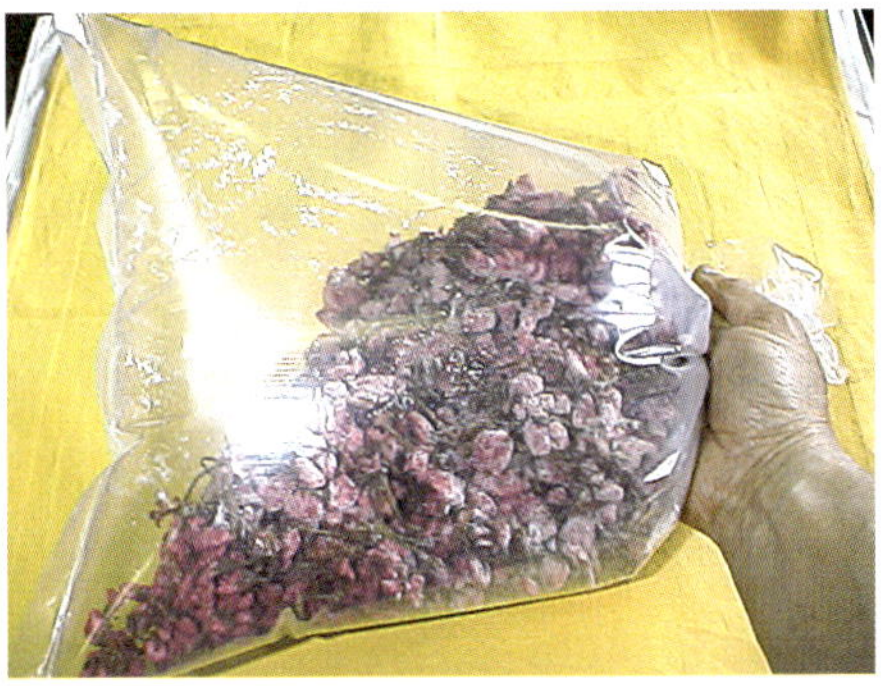

❺ 最後にもう一度塩をまぶして完成。袋に入れて振ると均一に混ざる。塩の量は陰干しした花の重さの20％

完成した桜の花漬け

ダイズ

福岡県黒木町
(現 八女市)

野中シヅ子

❷ 梅酢に漬ける

広口ビンにダイズを入れ、完全に浸るくらいの梅酢を注ぐ。

ダイズが顔を出さないように、表面はなるべくシソで覆うようにして漬ける。

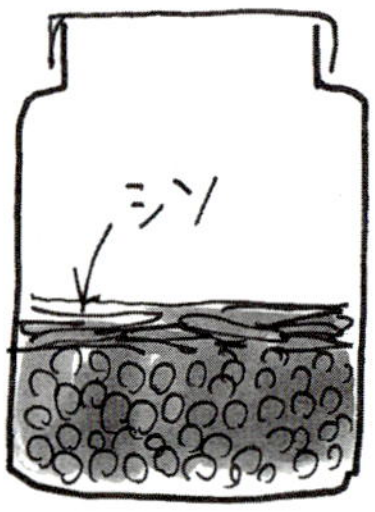
シソ

1ヵ月もすると梅酢を吸ったダイズが2倍くらいに膨らみ、きれいなピンク色に染まる。

漬かったダイズを取り出したら、また新しいダイズを入れて、繰り返し漬けながら食べています。
ご飯のおかずにもいいですし、お弁当に入れてもきれいです。
孫たちも喜んで食べてくれます。
え・近藤泉

漬け物お国めぐり(282)

梅酢漬け

老人クラブの会合で「ダイズを酢に漬けて毎日4～5個ずつ食べると血圧が上がらない」と聞き、ちょうど残ってもったいないと思っていた梅酢とシソを使って作ってみました。

塩分も酸っぱさも思ったほどでなく、シャキシャキと歯ざわりもよくて食べやすいです。

私の町は八女茶発祥の地で、おいしくて上等なお茶がたくさんとれます。このお茶を飲みながらだと、何個でも食べられます。おかげで家族に血圧の高い者はおりません。

〈材　料〉

ダイズ……2～3合
梅酢(シソ入り)……適量

① 生のダイズを水洗いして、水気を切る。

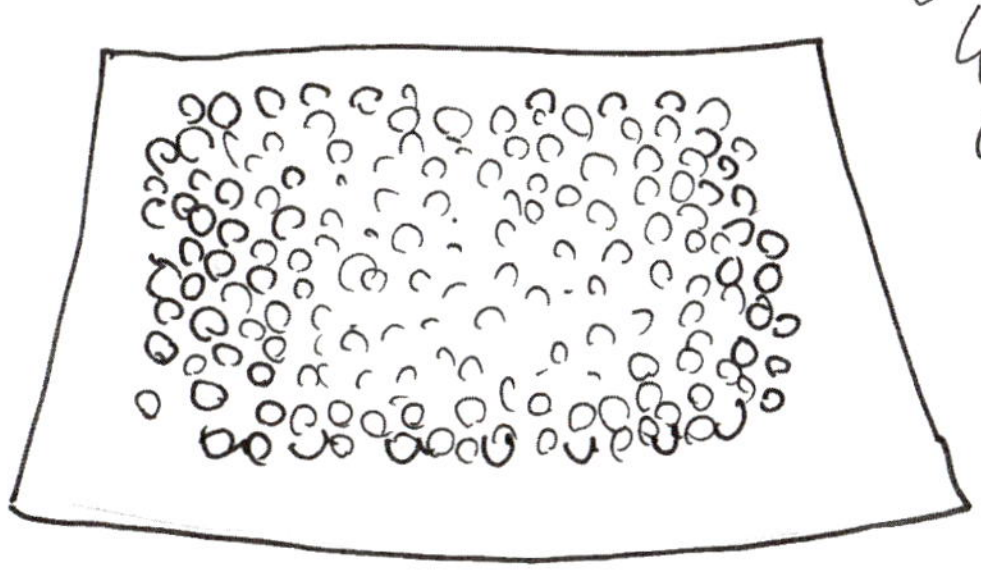

ザッと水洗いしたら半日くらい日陰干しにしてよく水気を切る。

現代農業2008年7月号

技ありの梅活用術

炊飯器で梅ジュース

埼玉県越生町●小澤章三

炊飯器に砂糖と入れるだけ

ずっと以前、「現代農業」に宮崎県の女性が梅ジュースの作り方を紹介していました。これは面白いと思い、家内に話して聞かせたところ、「梅ジュースなんか、広口ビンの中に梅を入れて、その上に砂糖を入れておけばできるんだよ」と相手にしてくれませんでした。

そこで私は「イイヨ。お前がいうことを聞いてくれなくたって、よそへ行けば私の言うことをよく聞いてくれる奥さんは大勢いるんだから」と言って、記事の梅ジュースの作り方を三人の女性に話してみました。その作り方は、炊飯器に梅を入れ、その上に氷砂糖をのせ、保温スイッチを入れるだけというものでした。

すると翌日、友人とその奥さんが早くも「できた」と言ってジュースを持ってわが家へ来ました。簡単で、しかも味のよいジュースを、私も家内もすっかり気に入りました。

それからわが家でもすぐ作ってみました。簡単で失敗なし。何度作ってもほぼ同じ味のジュースができます。家内は自分の友人に作り方を教え、梅の木を持たない友だちには梅の実を贈ってまで得意になって教えていました。

私が教えたある人は、朝に炊飯器のスイッチを入れ、夕方切るのを忘れてしまい、翌朝になってスイッチを切ったそうです。すると、一〇～一二時間では酸っぱかったのが二四時間だとさらにおいしくなったから、これは絶対二四時間置くべきだと電話をしてきました。それ以来、わが家でも二四時間保温するために炊飯器をもう一台購入しました。

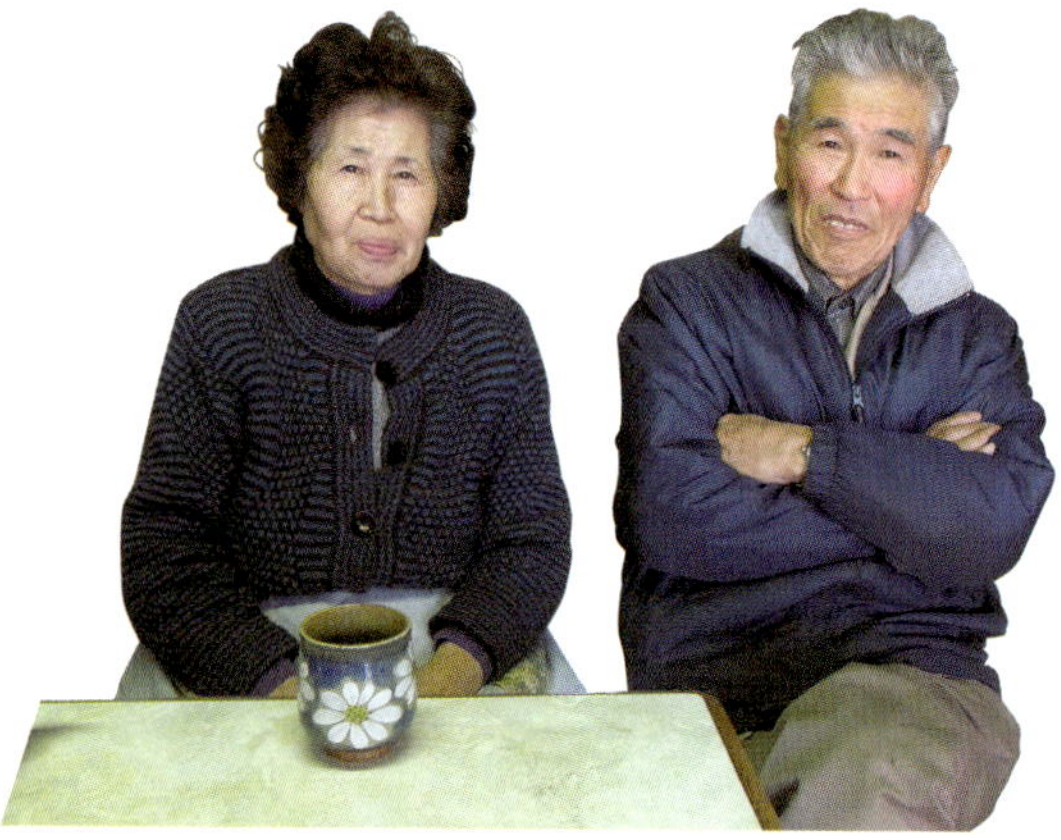
炊飯器の梅ジュース作りを楽しむ筆者夫婦

氷砂糖
700～800g
青梅1kg
保温で10時間でできる

タネ丸飲みで胃潰瘍快方へ

ちなみに私は、四〇年来、梅干しのタネを捨てたことはありません。タネは丸飲みにします。

私が梅干しのタネを捨てなくなったのは三〇歳の頃。当時、胃潰瘍で苦しんでおり、医者には手術をすすめられていました。その頃、何かの本に梅のタネを丸飲みにすると胃潰瘍や痔によいと書かれていたのを読んで実践するようになりました。

おかげ様で、胃も、やはり悩んでいた痔のほうもだんだんよい方向に向かい、今では双方とも苦しむことはありません。今七二歳、健康で暮らしているのも、梅干しのタネのおかげです。

簡単のし梅

山形県白鷹町●紺野佳代子

梅はアルカリ食品であり、天然のクエン酸が豊富なので、暑い夏に冷蔵庫に入れておいたのし梅を一～二切れ食べると、疲れがとれるような気がします。また、不意のお客さんのときなどもすぐに出せて重宝しています。

のし梅の元となる梅ジャムは、香りをよくするため黄色く熟した梅を使います。一度に梅ジャムをたくさん作るのが大変なときは、梅をレンジにかけてやわらかくした状態で冷凍庫に入れておきます。できあがったジャムも三五〇gずつ袋に入れて冷凍庫に入れておくと、好きなときにのし梅が作れます。

のし梅を作るときに大事なことは、煮溶かした寒天が冷めてから梅ジャムを入れること。寒天は酸に弱く、酸と一緒に加熱すると、固まらないことがあるからです。

また、私は梅が大好きなので、梅一kgに味噌一kg、赤ザラメ一kgでドレッシングを作り、夏は野菜サラダはもちろん、そうめんのタレにも入れています。

のし梅の作り方

材料

梅ジャム*350g
砂糖 500g
水 300mℓ
粉寒天 4g×2
（棒寒天なら２本分）

作り方

1. 水に粉寒天を入れ、よく混ぜ、火にかける
2. 煮立ったら弱火にして、砂糖を何回かに分けて入れながら煮詰め、糸が引くくらいまでにする（10～15分）
3. 火を止めて一息（1分くらい）冷ましてから梅ジャム*を加え、型に流してできあがり

＊の作り方

1. 黄色く熟した梅をきれいに洗い、たっぷりの水に半日浸けてアクを抜く
2. 竹串で花梗をとり、水分をふき、レンジでやわらかくする
3. 裏ごしした梅（タネをとるだけでもよい）と、その半量の砂糖（※材料外）で、とろっとするまで煮詰める

梅塩

福井県若狭町●中西英輝

こちらは「福井梅」の産地です。私は梅干しを作るときに出る梅酢を捨てずにろ過して、煮詰めて梅塩にしています。当初、あらゆる方法で試してみましたが、石のように固まったり、こげたりで失敗の連続でした。最終的にうまくいった方法は、七輪に木炭を入れ、土鍋で煮詰めるやり方。やわらかい熱で煮詰めるため、自然できれいな梅塩ができました。

五ℓの梅酢を約四時間煮詰めると、ドンブリ一杯の梅塩ができます。時間はかかりますが、コスト面では一番安くあがります。

梅塩は、梅のエキスに含まれるアミノ酸やクエン酸が豊富で、美容と健康によいです。この梅塩でハクサイやダイコンなどの野菜を漬けてみたら、とってもおいしい漬物ができました。食卓では、おにぎりや野菜炒めにとってもよく合います。

三年梅酒

徳島県吉野川市●藤村和行

梅酒というと、青梅を氷砂糖とホワイトリカーで漬け込み、一年目から飲むのがふつうだと思いますが、これを三年置くと、タネの中にある仁の成分が出て、すばらしくおいしくなります。

容器に青梅一に対し、三五度のホワイトリカー二、氷砂糖〇・五の割合で入れ、完全密閉。梅は大きく緑色の濃いもので、収穫したてのものを使います。冷暗所に三年間貯蔵してじっと待ちます。

自分の好きな品種の梅酒をぜひ見つけてみてください。たとえば、「鶯宿」は大きくて緑色が濃く、酸味が強くてさっぱりした味わいになります。「月世界」は徳島県で改良された大きな梅で、風味がとてもよく、まろやかな味に。「竜峡」は小梅で、あっさり味でとても飲みやすいです。

現代農業二〇一二年七月号

大玉の「鶯宿」を収穫する

「鶯宿」で仕込んだ梅酒

ヤマモモでピンク色の梅酒

兵庫県南あわじ市●森本道子さん

兵庫県南あわじ市の森本道子さんは梅酒を漬けるとき、山からとってきたヤマモモを少し入れています。すると、ほんのりピンク色に仕上がるんだとか（ヤマモモは一カ月ぐらいで取り出す）。ホワイトリカーの代わりに果実酒用のブランデーを使っても、色がよくなり、おいしい梅酒ができます。友だちからも「どうやって赤くしてるの」と驚かれるそうです。

さらに森本さん、漬け終わった梅もジャムにして再利用します。まず梅をサッと湯がいて、その液を捨て、今度は砂糖を加えて、弱火でじっくり煮詰めます（途中でタネを取り出す）。果肉がくずれ、水分が飛んだら、できあがり。小分けにして冷凍しておきます。レンジでチンして、パンにぬって食べるそうです。

現代農業二〇一六年七月号

梅とかつおぶし風味の梅醤油

福島県鹿島町（現南相馬市）●林カツ子さん

福島県鹿島町に住む林カツ子さんに、とっても体によさそうな梅醤油の作り方を教えていただきました。それは醤油に青梅を漬け込むだけの簡単なもの。

作り方は、まずお好みのビンにフォークで数カ所穴をあけた青梅を6～7分目ほど入れます。そこに醤油をビン一杯まで入れ、かつおぶしをさっとふって漬け込みます。1～2カ月ほどして、梅の酸味が出てきた頃に青梅を取り出したらできあがり。ちなみに取り出した青梅もカリカリとおいしく食べられます。

カツ子さんはこの梅醤油をさまざまなサラダにかけて使うそうです。たとえば、レタスの上に、焼いたカツオを食べやすいようにほぐして盛ってその上にかけたり……。梅醤油は酸味がきいてさっぱりしており、とても食が進むそう。お試しあれ！

現代農業1999年7月号

おいしい薬酒

5 松竹梅酒

◉材料

青梅…1kg
アカマツの葉…枝先 1 本分程度の葉
クマザサの葉…20 枚くらい
35 度ホワイトリカー…1.8ℓ
氷砂糖…300～500g

薬酒マスター・オサム師
（渡邉修）
果実酒薬酒研究家

◉薬効

梅酒に松葉と竹笹の効能がプラスされるので、暑気あたり・消化促進・清熱解毒・血行促進のほか、生活習慣病や老化の予防にも効果的。なにより、コクと滋養・野趣のあるおいしい梅酒に仕上がるので、飲み過ぎないように。

◉作り方

①6 月の青梅のシーズンに、梅と氷砂糖・ホワイトリカーで梅酒を漬けておく
②7 月下旬～8 月上旬のクマザサと松葉を使う。洗って水気を切ったら、ビンに入るくらいの大きさにカットする
③松葉とクマザサを梅酒に加えて漬け込み、冷暗所に保存する
④仕上がりは来年の梅酒シーズン。ペーパータオルなどでこし、細口ビンで保存

♪喜び〜の酒、松竹梅♪

年配の皆さんの中には、こんなテレビCMのフレーズを思い浮かべる方も多いと思いますが、日本酒とは関係ありませんよ。梅酒をベースにしたブレンド果実酒で、縁起と薬効をプラスした、変わり梅酒の一つです。松葉はアカマツの葉、竹笹はクマザサや、真竹、孟宗竹、ハチクの葉を加えます。松葉や竹笹は単独の薬酒としても作られ、中国では竹葉酒が市販されています。

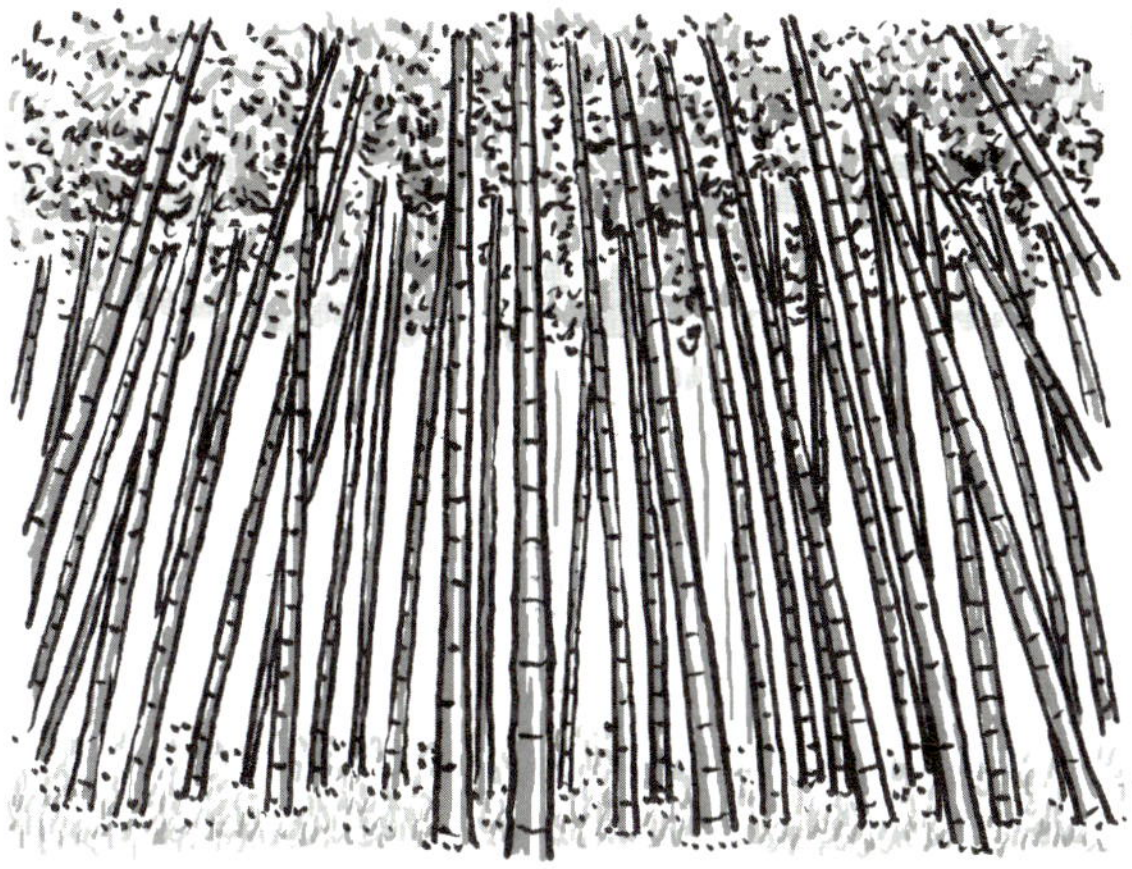

今年は1本多めに梅酒を漬け込み、7月下旬になって松葉や竹笹の新葉がしっかり開いて硬くなったら、そこに漬け足しましょう。ポイントは松葉を入れ過ぎないこと。ヤニっぽさが強く、飲みにくくなりますから。

人生の晩秋に差し掛かっている方々は、めでたい松竹梅酒でもう一花咲かせましょう。長寿祝いなど、祝いの席にもピッタリです。

イラスト・飯島 満　◆オサム師のホームページ =http://www.sake-power.com

現代農業2015年7月号

活性酸素消去効果が緑茶の二倍！

梅の葉茶

和歌山県南部川村（現みなべ町）・㈱東農園●東 善彦

▼梅が持つ多くの薬効

梅干しをはじめ梅肉エキスなど、梅には健康食品としての長い伝統と信頼があり、日本の食生活には欠かせないものになっている。

梅の字が「母なる木」とも読めるように、梅には実だけでなく葉や花、枝やタネにも有効な成分が含まれており、『本草綱目』（中国の明時代に著された植物を中心とした薬物学の書）にもその効能が次のように記されている――

梅露（蕾エキス）には「茶にすると止渇し、津液を生じる」（のどの渇きをとって体にうるおいを与える）とか「胎毒《たいどく》を解く」（解毒作用）、梅核仁（種仁）には「暑を清める、目を明らかにする」、また梅の葉には「止血や止瀉《ししゃ》作用（下痢止め）がある」などである。

このように梅が持つ薬効は長い歴史に裏付けられていながら、まだ十分な利用はなされていない。そこで梅の実以外の利用開発に取り組むことになった。

せん定枝や徒長枝などから葉を採取する。お茶にする場合、軸を除いたほうがいいようだ

▼活性酸素の消去効果

平成十年から、京都薬科大学薬学部の吉川雅之先生と一緒に、梅の葉や花にどのような生理活性物質が含まれているのかという本格的に取り組み、その薬理効果が解明できた。

なかでも注目されるのは、梅の葉や花に活性酸素の消去効果が認められたことで、同じ作用があるといわれる緑茶やαトコフェノールに比べて、二倍の効果が確認された（活性酸素とは、ご存じのように、体内で正常細胞を破壊してガンの発生にも関与する厄介なもの）。また糖尿病合併症や胃潰瘍の予防効果も期待されている。

こうした効果をふだんの生活の中で生かすには、梅の葉をお茶にして飲むのが最も手軽で最適である。

▼カフェインを含まないお茶の開発

梅の葉は、梅雨が過ぎた夏の盛りの時期に摘み取り、天日干しをしたあと焙煎すると香ばしいお茶に仕上がる。もともとはたいへん苦い葉だが、煎ると苦みもとれ、飲みやすいお茶になる。梅の葉には活性酸素を除去する働きとともにポリフェノールが含まれ、抗酸化作用も期待できる。

また、カフェインをまったく含まないため就寝前に飲めるのも特徴で、「ノンカフェインの梅の葉茶」として商品開発を進めている。

なお、梅の葉のほかにも花からはメラニン色素の沈着を抑制して、シミ、ソバカスを予防、改善できそうな物質が見つかり、化粧品として開発できないかと取り組んでいる。また梅のタネで作った枕はとても好評である。

今後とも梅がますます注目され、重要な位置を占めていくことはまちがいないと思われる。

現代農業二〇〇〇年六月号

梅加工をラクにする道具・機械

梅のタネ取り器・電動シソもみ機

佐賀県小城市●永石さと子さん

佐賀の小京都といわれる小城市（旧小城町）は、県下随一の梅どころ。この小城市で、梅加工品を作っていた永石さと子さんに、梅加工に使っていた道具や機械についてきいた。

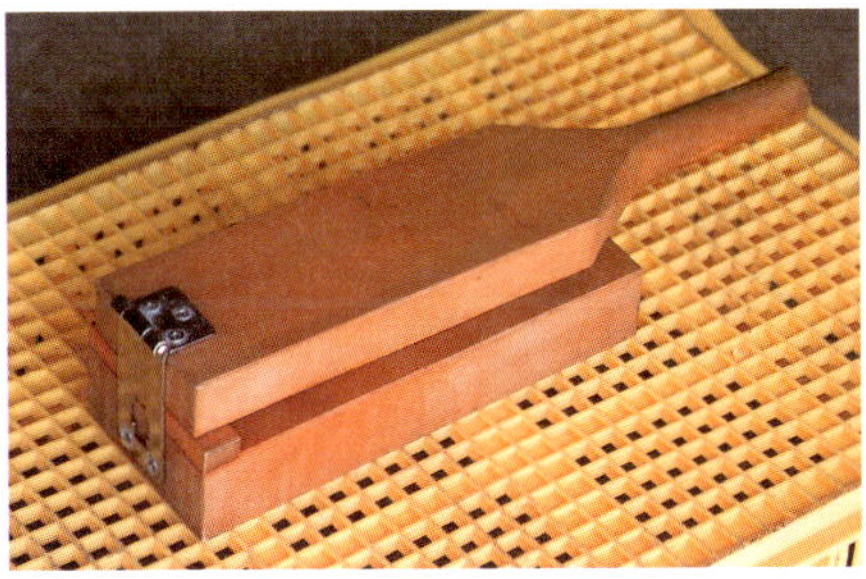

隣の大工さんに作ってもらったタネ取り器。シンプルで使いやすい

▼絶品！梅のタネ取り器

加工作業で苦労するのがタネを取り出す作業と、シソもみ。それをラクにしてくれる道具を使っていました。

タネをとろうと、梅をまな板の上にのせて、しゃもじで押して割ろうとしても、なかなかうまく割れません。ところが、一粒ずつ包丁で切れ目を入れた梅を、このタネ取り器にのせてはさめば、いとも簡単に割れるのです。

二枚の桐の厚板でできていて、蝶番《ちょうつがい》の部分はステンレス。蝶番の少し手前に梅を固定させるため、奥にまくら木をつけてあります。ここが最大のポイントだと思います。当時わが家の隣の大工さんに頼んで、試作を重ねて作ってもらった一品でした。

これを使えば、一kgの梅を一〇分ほどで割ることが可能。構造はとってもシンプルですが絶品でした。軽くて掃除をしやすいのも大きな利点で、値段はその当時、四五〇〇円くらいでした（桐はなかなか手に入らないため、今はイチョウの木などで作るようです）。

▼電動シソもみ機 半日作業が二〇分に短縮

以前は、私たちの世代はみな、梅の収穫作業の担当で、梅漬けの作業のほうは姑や母たちの仕事でした。いざ、私たちの世代がシソもみをやるようになったとき、これがうまくできなくて困りました。

昔ながらの梅漬け、梅干しなので、着色料などは使いません。手抜きをせずにシソで色をつけるのですが、ホー

電動シソもみ機

特大のすり鉢。深さや角度、溝の深さも吟味して選びました

ローや焼き物のボウルに入れて手でシソをもんでいると、五kgもむだけでも半日近くかかってしまいます。昼間の農作業を終えてからの加工作業でしたので、苦労しました。

そんななかで見つけたのが、モーターで動くシソもみ機です。約一五万円しました。写真では見えませんが、この機械は中央部に攪拌棒がついていて、これがいい角度でシソ葉をからませてくれます。もみやすくするために塩はいっさい使わず、葉が乾いたままの状態で攪拌します。上の四角い口から一回に五〜七kgほどの葉を機械に入れ、しっとりとなじんでくるまで約二〇分ほど攪拌します。これで梅漬け約三〇kgほどが着色できました。

この機械は上からシソの葉を入れ、攪拌がすんだシソを落とすようになっているので、使い勝手がよく、掃除もしやすいものでした。

このシソもみ機を入れたのは平成七年の頃で、当時は四人の若手で加工をしていました。

▼使いやすいすり鉢を選ぶ

もみ終えたシソはすり鉢に入れ、手でもんでアク出しをします。次に別のすり鉢に移して塩を加え、二人で交互にもんで、仕上げのもみ上げ作業に移ります。

深さや斜面の角度と溝の深さなど使いやすいものを選び、二人で交互にもみ上げるのに便利な大きな鉢でした。

▼色のばらつきを出さないように

シソは、微妙で、シソ葉を摘む時期とその保存のしかた、シソ葉の品質によって着色の差が大きく出てきます。

また、シソもみは手の感覚に頼るので、品質のばらつきが出ないように、スポイトで白い紙にたらして色を確認したものです。それぞれの製品に合った色見本を作っていたのですが、これは手芸屋さんで売っている色のついた糸を貼った見本帳でした。

現代農業二〇〇一年七月号を一部改変

梅の連続果肉割り器「うめ〜ぐあい」

福島県郡山市●㈱ベルテックス

従来は、手作業で行なっていた梅の果肉を割る作業を機械化（電動）するのに成功したのが、連続果肉割り器「うめ〜ぐあい」です。

直径が一八〜五〇㎜程度の大きさの梅まで対応可能。一分間に一二〇個くらいの果肉割りができます。また、調整のしかたによっては、果実に割れ目を入れるだけでなく、タネをとりやすくすることもできます。

価格は、機械一式で八五万円（梱包・送料別。納品は発注後約六〇日を要す）。福島県農業総合センター考案。

（福島県郡山市桃見台四—一六
TEL〇二四—九九一—六六〇五
http://www.beltecs.co.jp/）

現代農業二〇〇六年七月号

「うめ〜ぐあい」で梅の果肉を割っている様子。ステンレス製で、大きさは幅430mm×奥行き600mm×高さ950mm、重量約45kg、キャスター付き。電源は100V（50/60Hz）

お正月用に、お墓のお供え用に
梅の枝をアレンジして売る

熊本県球磨村●大無田シヲリ

梅のせん定枝を枝物セットにして販売

梅、松、ナンテン、竹、モミジ、アカメヤナギ、アオキの組み合わせ。床の間、玄関の飾りに
梅、松、ナンテン、竹の枝の組み合わせ。お墓の花筒にそのまま挿せる
正月飾り用
500円
お墓用
250円

筆者

正月用飾りが、ビックリするぐらい売れる

直売所「くまっこ市場」の生産者組合で常任委員を任され、平成二十年から二年間、年末当番を手伝いました。店頭で花などを新聞紙に包んで、お客さんへ手渡しする仕事です。そのとき、お正月用の飾り花が売れる売れる、ビックリでした。

うちでは梅を五〇a栽培しているので、せん定枝はいくらでも出るし、庭先には花木もあります。これらを使って正月用の飾り花を作り、平成二十一年の末から売り始めました。

売るコツにはならないかもしれませんが、十一月下旬頃、お父さん（主人）がせん定で大枝を落としますので、そのなかから大中小と枝を切り分けていきます。一本一本よく見て、枝ぶりがよく、蕾がよくついているものを選びます。

それを水の入った漬物樽に浸け、日当たりのいい場所に置き、少しでも蕾が膨らむようにします。

お墓のお供え用と飾り用を販売

売るときは、梅、松、竹（銀色のスプレーで色づけした枝）、ナンテン、モミジ、アオキ（斑入り）などを組み合わせます。お墓のお供え用は丈を短く、小さめにアレンジしてあるので、そのまま花筒に入れられます。飾り用は、丈も長く、組み合わせる花木の種類も多くします。

年末、一週間ぐらいの限定販売でも、お墓のお供え用は六〇〜七〇束、飾り用は四〇束くらいと、よく売れます。

お客さんは、ほとんどが主婦の方なのですが、なかには男性もおられます。男性には、いろいろ話し相手になって、「ここにキクの花を添えると、よく合いますよ」とか、「もっとボリュームを出したいときはナンテンを足すといいですよ」とか、アレンジをすすめると、納得して喜んで買っていただけます。

現代農業二〇一一年十二月号

せん定枝を売る！

梅のせん定枝を加温して、お正月用に

愛知県足助町（現豊田市）●伊藤進一

一〇年ほど前に定年退職してからは、田畑に出たり、山に行ったりして、楽しみながら第二の人生を送っています。野菜作り、盆栽、木の手入れ……そんなようなことが大好きな私は、家のまわりに植えてある梅の樹も、毎年自分でせん定しています。

七〜八年ほど前のある日、「せん定した枝をふかして（加温して）、早めに咲かせたら売れるんじゃないかなあ」と、ふと思いつきました（あとからそういうのを本業にしてやっている人がいるのを知ったのですが……）。

さっそくやってみたところ、十二月のうちに八分咲きさせることに成功したので、野菜を出していた直売所で売ってみることにしました。三〜四本で三〇〇円。年末に「時期はずれの梅の花」ということで、これが実によく売れたのです。

せん定枝をふかすには、ビニールハウス、育苗器（保温器）、ヒーターがあれば簡単にできます（やり方は左ページの図のとおり）。

さらに年末には「ミニ門松」を作ります。「ミニ門松」は一個一五〇〇〜二〇〇〇円（図1）。よく売れるので、毎年女房と二人して何百個も作って楽しんでいます。門松も、あんまり大きくて立派なのはかえってじゃまになるかと思い、なるたけ小さいのがいいかなあと思って「ミニ」サイズにしていますが、お客さんの間では、「かわいい」とか「小さいから神棚に飾るのにいい」と評判です。

材料の竹や松の葉などは、近くの山から採って来るのでタダ。八分咲きの梅を挿したものは売れ行き、評判ともに抜群です。

せん定枝をふかすにはヒーターの電気代がかかるのがちょっと難点ですが、一度にふかす量を多くして上手にやれば、冬のいい収入源になるかもしれませんね。

図1　ミニ門松

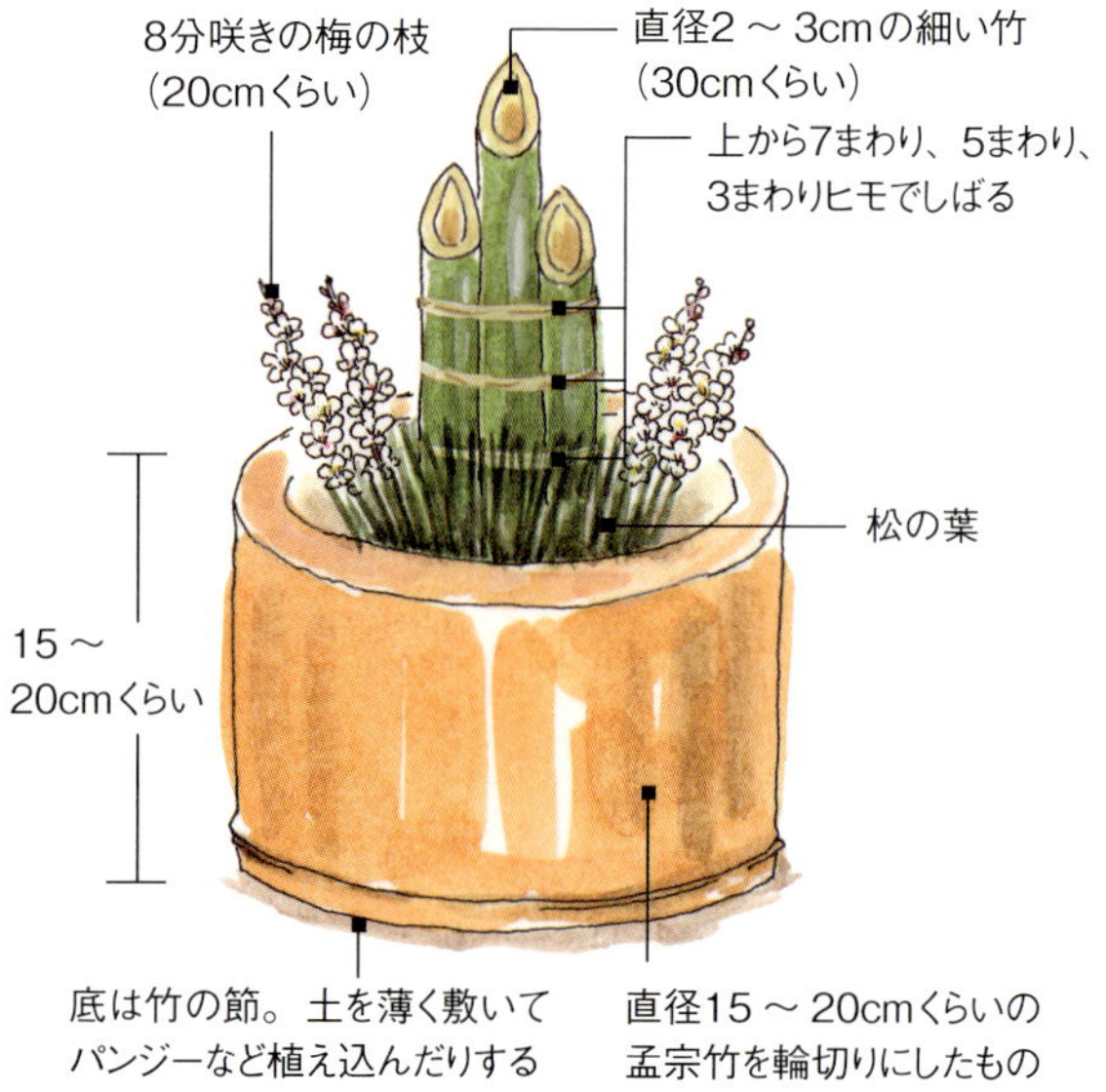
8分咲きの梅の枝
(20cmくらい)
直径2～3cmの細い竹
(30cmくらい)
上から7まわり、5まわり、
3まわりヒモでしばる
松の葉
15～
20cmくらい
底は竹の節。土を薄く敷いて
パンジーなど植え込んだりする
直径15～20cmくらいの
孟宗竹を輪切りにしたもの

現代農業二〇〇三年十二月号

梅のせん定枝のふかし方（加温方法）

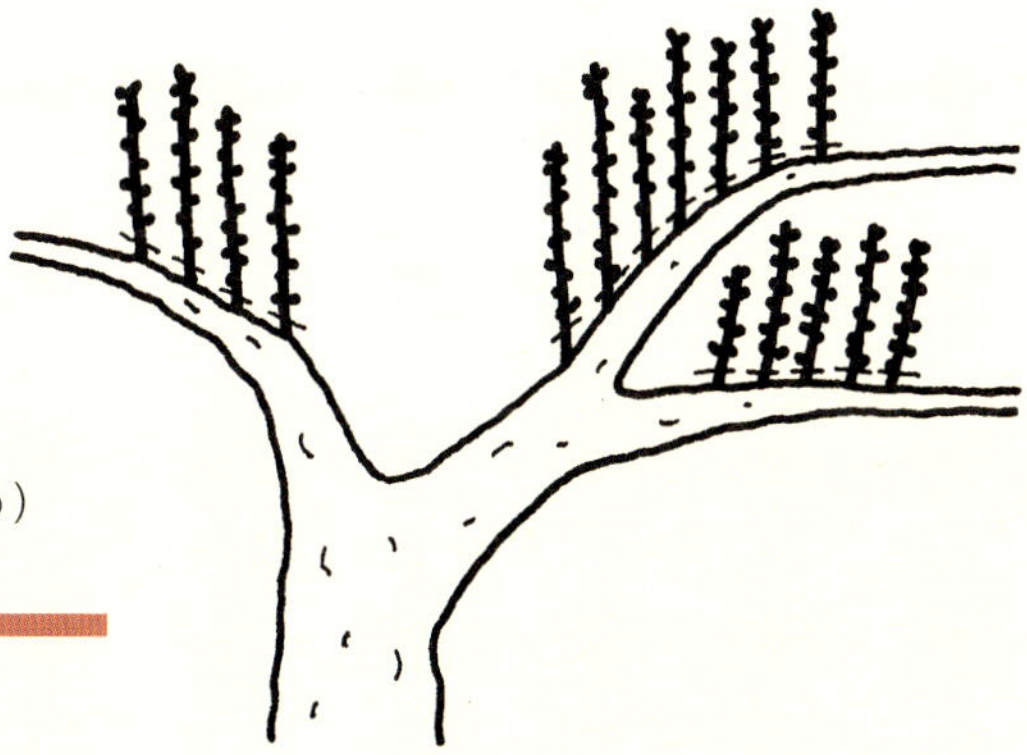

12月上旬、せん定をしながら
80cm～1mの徒長枝を切り取る

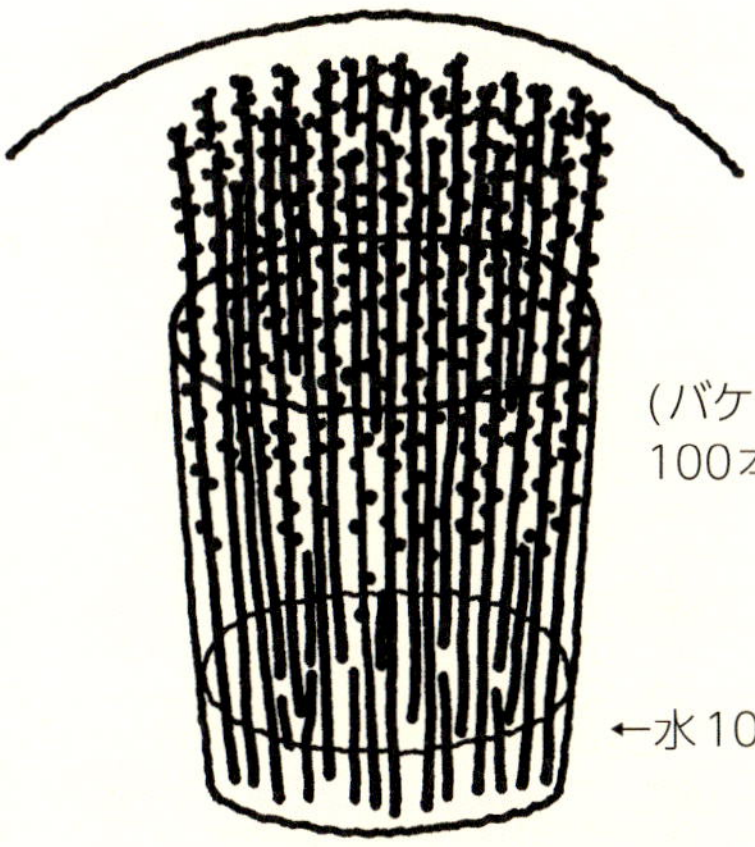
（バケツ1個に
100本くらい入る）
←水10～20cm

14ℓくらいのポリバケツに水を張り、
せん定枝を立て、ビニールハウスの
中で1週間～10日（12月でもハウ
スの中は日中15～20℃になる）

手づくりの育苗器

アルミサッシの雨戸の廃材を
分解して骨組みを作り、その
内側と外側にビニールを張る

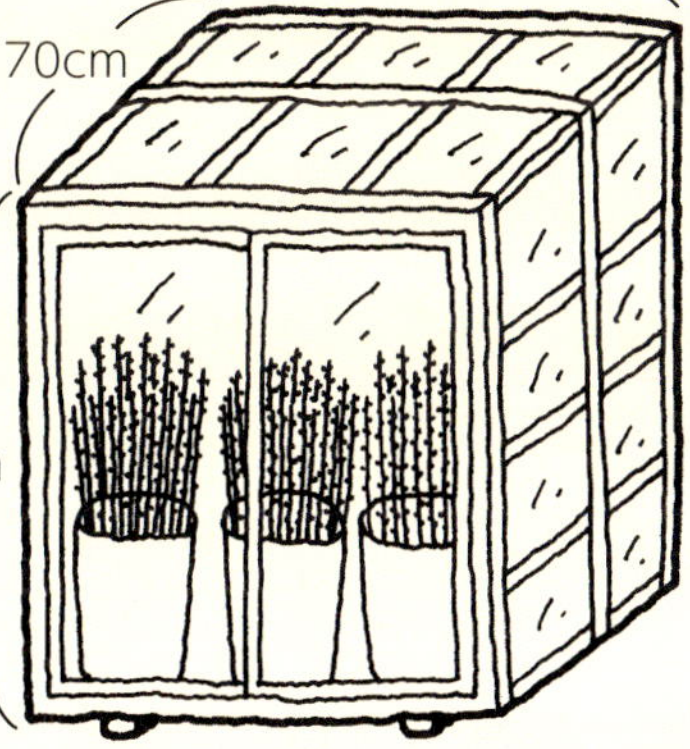
1.2m
70cm
1.5m

つぼみがふくらんできたらバケツのまま
育苗器（保温器）の中に入れ、昼夜20～
25℃にヒーターで加温。正月前に咲きす
ぎてしまわないよう温度調節をしながら、
1週間～10日。8分咲き（8割開花、2割
がつぼみ）で完成（育苗器自体も車庫な
どの暖かい場所に置いておく）

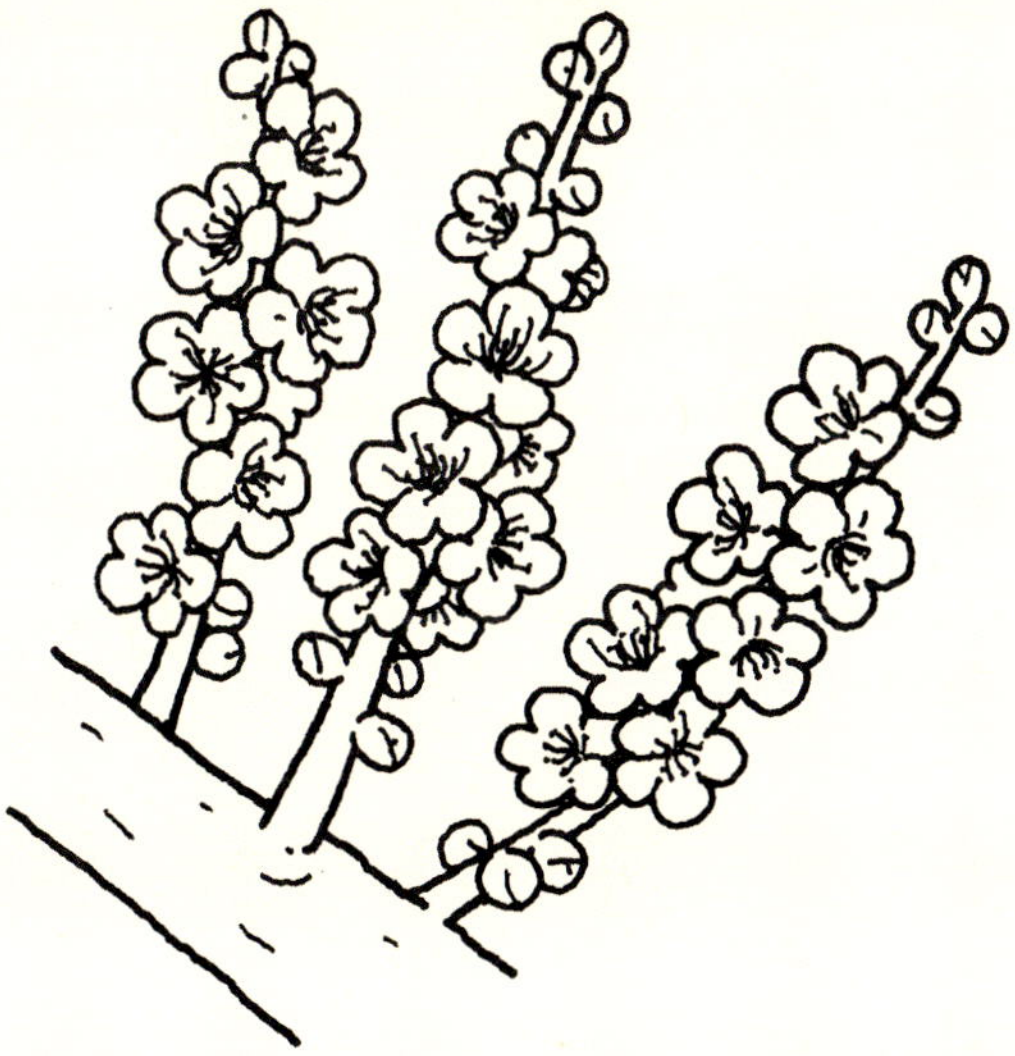

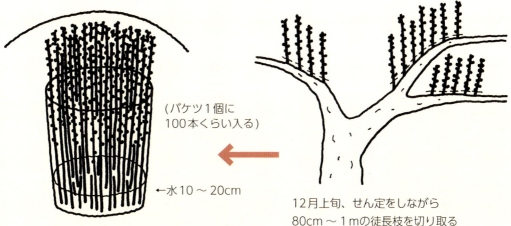

自然の香りが広がる「発香装置」

茨城県城里町・㈱クリエイティヴ三愛●三浦春治

水に浮かべて風を送るだけ

私が開発した「発香装置」とは、身近にある自然の花などの香りを簡単な原理で増幅させるものです。

そもそも私が発香装置を作ろうと思ったのは、「お店の看板から商品の香りがしたらいいだろうな」と思ったからです。コーヒーショップからはコーヒーの香り、果物屋からは季節のフルーツの香り、お汁粉やカレーやラーメンなど、そのお店に入らなくても、看板を見てにおいをかぐだけで何のお店かわかるのです。

そう思って研究を始めたのが一八年ほど前。独学で研究をしながら発香装置を作り、特許も取得しました。今ではそのときの研究からさまざまな香りの商品を開発して販売しております。

わたしはとくに梅の花の香りが気に入っていて、この香りを抽出して日本の風土に合った香水「梅春薫《うめはるか》」を作りました。

発香装置の仕組みは天然素材の香りをファンで吸い上げ、室内に循環させるというものです。花を入れる容器に水を張れば花が乾燥することなく永く保てます。ご家庭では扇風機やエアコンを応用すれば手軽に愉しめます。扇風機の背後に置いたり、エアコンの吹き出し口近くに置いたりします。

私が開発した「発香装置」。野の花（右）を、水に入れた容器に浮かべ（左）、装置にセットする（中）。電源を入れると、装置の中で小型のファンがまわり、花の香りを部屋中に広げる

使える香りの素材はいろいろ

発香装置では生のままの花をつかいます。香りの素はやはり天然のものが自然を感じられて好ましいのですが、市販のハーブやポプリなどでも応用がききます。その花の季節には存分に香りを愉しめますが、花を水に浸して冷凍しておけば、季節以外でも愉しむことができます。解凍しても香りが劣化することはありません。

キンモクセイ、バラ、クチナシ、ラベンダー、季節ごとに多様な香りがあります。最近は新種の花も出回っていますから、お好みの香りを見つけられるとよいでしょう。奥様がガーデニングで育てられた花を一輪拝借などしてはいかがでしょうか。

また、花以外に果実も使えます。オレンジ、グレープフルーツなどの柑橘類や、リンゴ、イチゴ、メロンなど、さまざまな素材を見つけてください。皮も無駄なく活用できます。果実も花同様、乾かないように少量の水に浸すと良いでしょう。

香りの商品はいろいろ出回っていますが、花本来の香りとは程遠いものもあります。また、子どもたちがキンモクセイの樹の前で「トイレのにおいだ！」と言うのを聞くと、寂しい限りです。本物の花や果実を実際に見て、その本当の香りを知って愉しんでもらいたいものです。

現代農業二〇〇一年十二月号

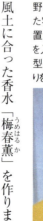

第５章

梅を育てる

摘心栽培で肥大のよい梅（123ページ）

梅の栽培暦（バラ科サクラ属、原産地：中国中部）

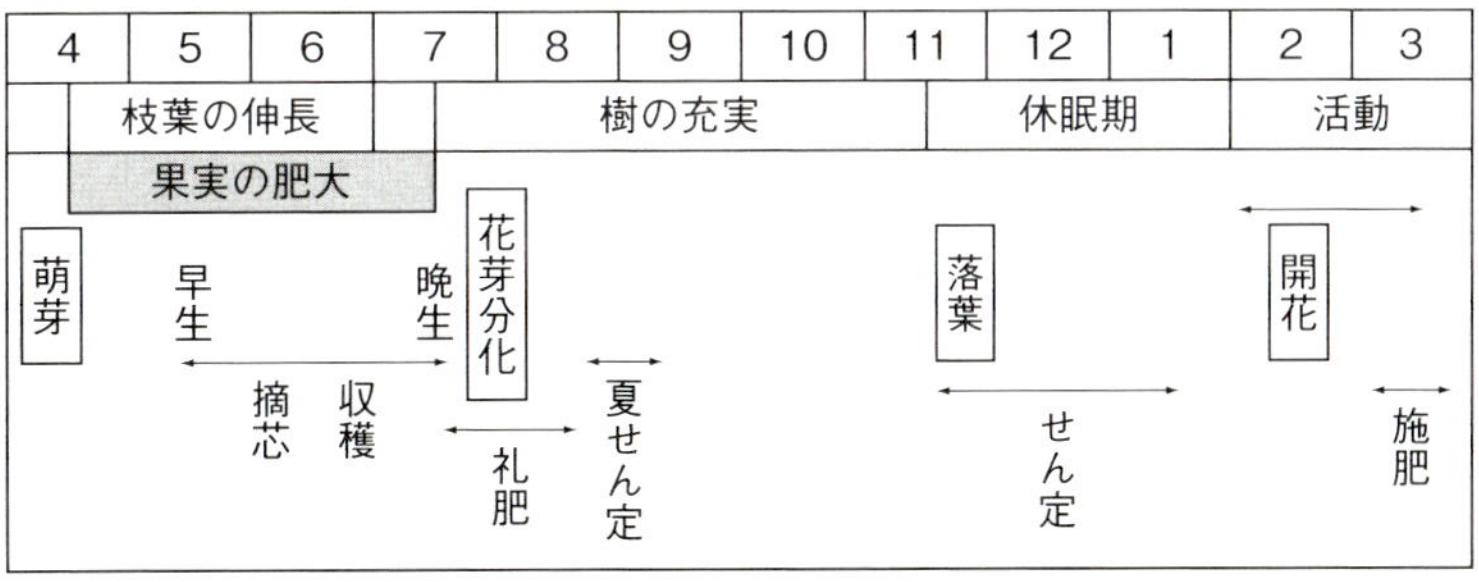

赤井昭雄「庭先でつくる果樹33種」（農文協）

梅の下部全摘果法で切り上がりよく小玉を一掃

和歌山県田辺市・㈱濱田農園●花光重一郎

私は、地域の農業生産法人㈱濱田農園に所属しながら自営でも梅八〇aを栽培している。濱田農園では技術開発を担当。今回は、大玉率を高めて収穫期間を短縮する摘果法を考案したので紹介したい。

求められる「大玉完熟果の一斉収穫」

市場では大玉果の単価がよい。開花が早く着果が多いと小玉早熟化となりやすい。

また、近年は梅酒や梅干しを作る家庭が減り、梅の需要が減っていることから、青果は販売後半になると売れにくい。早めの収穫が有利販売につながる。だが、いっぽうで果実は樹上でやや黄ばんだ木熟状態のものが求められている。この嗜好に応えようとするとどうしても収穫期間は長くなってしまう。有利な販売と収穫労力の軽減を考えると、収穫期間を短縮したかった。

とくに私の園地は山間部に位置し、もともと平地より成熟期が遅れる地域であり、できるだけ切り上がりを早めたかった。

下枝の果実は熟期が一週間遅れる

梅は裾枝の下枝でも落果期頃まで置くと果実はかなり大きくなるが、上部の果実と比べて一週間以上は熟期が遅れる。下枝があると熟期を揃えるのは難しいと思われた。

また、熟期が揃いやすい樹形としては杯状形（図1）が一番と思われるが、収量が少ないのが難点。私の園は熟期は揃いにくいが収量が上がる開心自然形で作ってある。そこで収穫時期を短縮し、ある程度収量を確保する方法として、下枝の果実をすべて摘果する下部全摘果がふさわしいと考えた。

梅のなかでも古城梅は青果出荷主体なので摘果を行なうが、南高梅の場合は着果量が多いので摘果はいっさいしない。きめ細かなサイズ摘果や、キズ果、障害果などの間引き、摘果は不可能に近い。その点、下部全摘果であれば実用的ではないかと考えた。

下がりぎみの枝、フトコロ枝を手でしごくように全摘果

目標は、樹の中部・上部で3L以上の果実を九〇%以上確保することとした。

やり方は地上八〇cmから下の枝や下垂ぎみの第一亜主枝、フトコロ枝につく果実を手でしごくようにしてすべて摘果し、地面に落とす。おおよそ全体

結実量の約二五%。一樹当たり一二〇〇個、落とした量はコンテナで軽く一杯分。

作業は一五年生南高梅で一五〇本行ない、比較として無処理樹を六本残した。

作柄が決まる五月上旬に

摘果時期は、地域の作柄傾向が確定してくる五月上旬。一果重平均一五g前後のときに摘果した。早く落とすと大きくなりすぎることも考え、やや遅い時期とした。

棒でのたたき落としや車の洗車用高圧スプレーガンでの摘果も行なったが、完全に果実をとりきれず、新芽が飛んでしまうなどの欠点があり、今回の手による方法が最も適切と思われた。

かかった作業時間は、家族二人、雇用二人で一五年生南高一五〇本を延べ四五時間。一樹当たり約二〇分の労働時間になる。

3L以上が九〇%！切り上がりも七〜一〇日早い

その結果、自然落果が一〇%程度始まる木熟の生育段階で、3L以上が九〇%であった（図3）。その一〇日前の階級（図2）から一階級近く大きくなった。

二〇〇七年のJAの青果販売で全期間の箱出し階級は2L以上が七〇%。私は一〇日近い生育遅延の遅出し地帯でありながら、処理樹は六月二十日の段階で2L以上九〇%を確保できた。今までの私の園の実績では高い数字と思われる。

収量は無処理樹に比べてやや低い結果になった。下部全摘果樹は一樹当たり七〇kgで、無処理樹の八〇%。処理樹の一樹当たりの収量がやや低いのは、無処理樹の下枝果実の肥大が落果期まで残しておいたおかげで進んだからだと推定されるが、その代わり収穫は七〜一〇日ほど処理樹より長引き、七月十二日に延長し

下部全摘果

1回収穫したあとの下部全摘果樹。下枝を休ませたので先端は水平から上に立つ。支柱も不要

無 処 理

無処理樹では、下枝の果実の熟期が遅れて残っている。下枝は果実の重みで下がる。支柱が必要

図1　杯状形と開心自然形

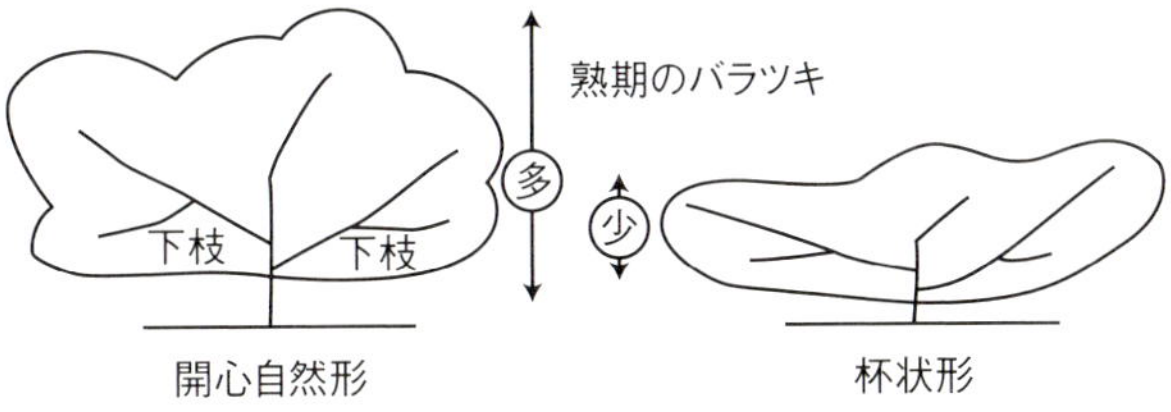

図2　収穫前半（6月20日）の階級比率（各2樹）

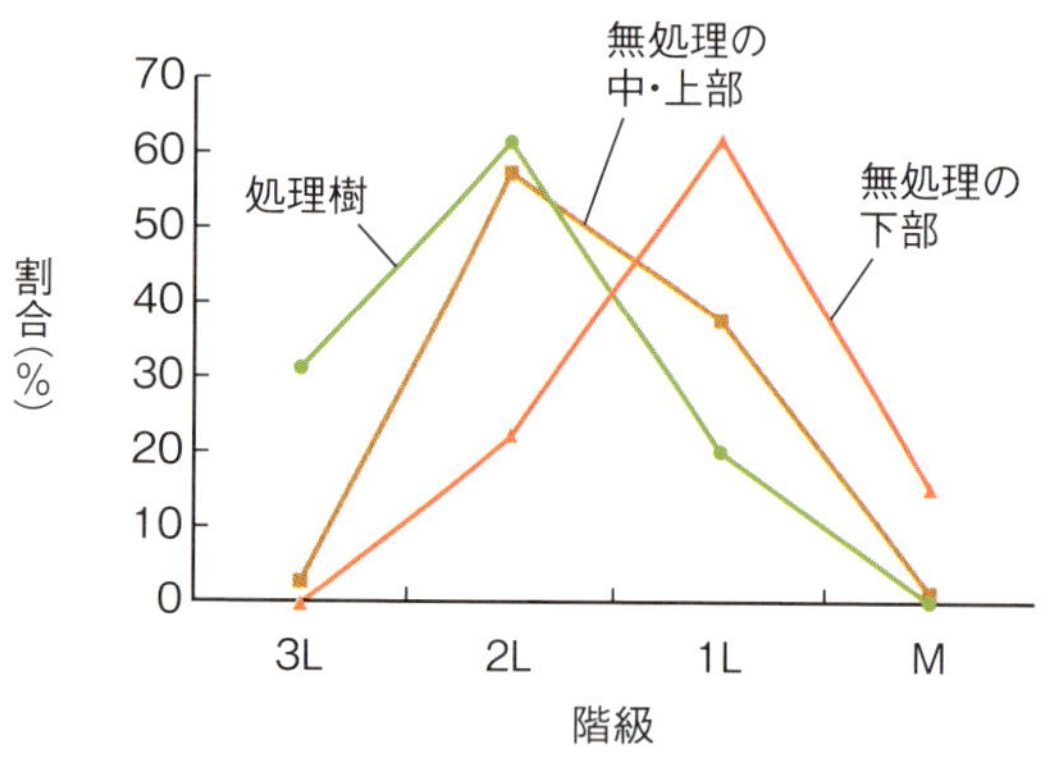

図3　収穫後半（7月1日）の階級比率（各2樹）

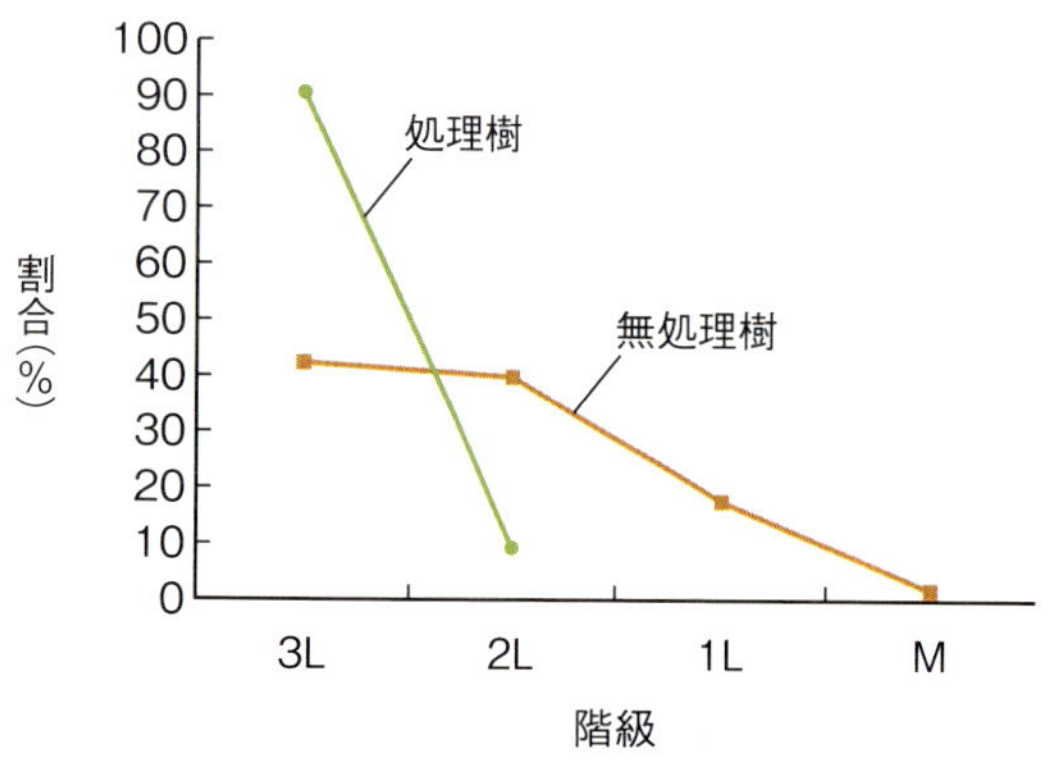

た。処理樹では切り上がりが早くなり、七月五日に終了した。また収量も、着果量が多くはなかった前年と比べれば、一四〇％の伸びだった。

下部全摘果樹は処理後二〇日頃から下枝の摘果枝から再発芽する。その結果、枝全体の樹勢維持がなされた。おかげで果実の重みで地面につく下枝はなく、支柱をしなくともよくなった。

もっとも、下枝全摘果を行なえない場合もある。災害被害により甚大な影響を受けた場合。雹害、凍害など。不作・凶作年。下枝のない樹形、密植園などである。

樹勢の健全化にも結びつく

一年だけの体験的データであるが、下部全摘果は玉揃いがよくなり、収穫の切り上がりが早まるなど収穫能率を高める摘果法であることがわかった。

収穫部位が樹の上部や中部になるため、地面に足をつけての収穫はやや減るが、果実が大きい分だけコンテナにたまる量は早い。収穫は今までは同一圃場に対して四回以上かかったが、今回の方法で二〜三回ですんだ。

今までは三人（妻は子育て真っ最中）の労力を必要としたが、この方法で収穫作業は息子と私と二人ですむようになり、収穫労働費の軽減につながった。

求められる梅を作るためにはどうしたらよいか考えた末の下部全摘果だったが、もう少し時期・方法について今後検討の余地はある。

はじめから下枝がないほうがいいじゃないのと思われる方もあるかもしれない。また下枝に立派な果実をつけるのが本来の技術かもしれない。しかし木熟果実が求められる傾向の強い今日の販売では、下枝に果実をつけると収穫期を短縮させるのは不可能かと思われる。

また同化栄養物の転流などのためにも、力強い第一亜主枝などは必要かと思う。休ませた下枝からいったん根にあるいは上部枝に移行したチッソ同化産物は、果実肥大や根の伸張に再利用され樹勢の健全化に結びつくと思われる。今後は下枝のせん定方法を見直していくことも必要と思われた。

現代農業二〇〇七年十一月号

早めの摘心で葉が稼ぎつ葉に変身 三割以上の増収を実現

和歌山県みなべ町●筋本与至一

筆者。梅干しの製造販売も手がける

梅の一大産地

和歌山県みなべ町は日本一の梅産地である。県の中間部にあり、紀伊水道へ流れ込む黒潮の影響で平均気温一六℃と温暖で晴れの日の多いわりには降水量も多く、梅栽培に適している。

平成二十五年産、梅の「結果樹面積」と「収穫量（一〇a）」は、和歌山県で五一三〇ha、一五四〇kg。群馬県で一〇六〇ha、五二七kg。福井県で四九六ha、四一五kg。面積は二位の群馬の約五倍、福井の一〇倍。反収は群馬の三倍、福井の三・七倍。和歌山は全国の六〇％の梅を生産している。「紀州南高梅」のブランドで圧倒的な販売力があり、生産性も高く、品質も優秀である。

わが家は南高梅を中心に、梅を二・五ha作り、安定生産のために、一五年来、摘心栽培を続けてきた。県の平均反収が一五四〇kgのところ、それより三割多い二t以上、毎年収穫している。

家族の反対を押しきって

一五年ほど前、五月下旬に家族で梅とりに行ったときのこと。徒長枝がたくさん出ていて、収穫しづらく、実太りも悪い樹があった。ここでひらめき一番、「エーイ、この邪魔者」と、無駄飯食い（徒長枝）を切ってしまえとばかりに、せん定バサミを持ち出した。すると、後ろのほうで山の神（妻）が、

摘心のおかげで、梅がよく肥大する

春、徒長枝を切り落としているところ

高いところは長バサミ（高枝切りバサミ）を使用

「お父ちゃん、何しやんのよう。今日は梅とりに来たんやで。せん定は秋にするもんや。それに、切ったバイ（徒長枝）をどうすんのよう。拾わなんだら、収穫ネットを敷けん」と、えらい剣幕である。その声をよそに、一人黙々と徒長枝を切り続けたのが、わが家の摘心栽培の始まりである。

のちほど、息子がよその人から、「お前とこのおやじ、バイ切りしてるけど、あかんで。梅の実がたくさん成っているんだから、葉は一枚でも大事にしないと。さもないと、実が太らんぞ」と言われていた。しかし、無駄飯食いは早めに切るべきだと思う。それに、徒長枝を切れば、栄養生長から生殖生長へと切り替わり、実を太らせ、花芽の着生を良好にすることができる。

早めに切り落とす

二年目は、徒長枝が伸長する前に、早く処理したほうがいいと思い、四月下旬（二〇cmほど伸びた頃）から五月下旬までに二回ほど切ることにした。この時期なら、徒長枝はまだ木質化しておらず、そのまま落としても土の上で腐ってしまうし、ネット敷きの邪魔にもならない。

ただ、一人だと一日一〇aくらいしか切れない。その間、徒長枝はどんどん伸びるので、長くなったものは、付け根から落とし、短いものは、五～六cm残して切ってもいいし、手当たり次第切っていき、長さ一〇cm以内におさめるようにしてもいい。高いところは長バサミを利用する。

一応、徒長枝は全部切り落とすが、のちほど出てくる枝は翌年の結果枝として残すことにしている。日がよく当たるので、花芽の着生も良好。また、たとえそれが徒長枝になったとしても、「水引き」といって、水を吸い上げる役目を果たすので、夏の干ばつにも強くなる。南高梅は徒長枝を一〇本くらい残してもよい。他品種は樹勢が弱いので、もっと多く残す。「小粒南高」や「改良内田」などの交配樹は、さらに樹勢が弱いので、徒長枝は切らないほうがいい。

大玉が揃う、品質もよし

早めに摘心することにより、徒長枝

の発生を抑え、樹体内部まで日が入り、光合成も盛んになり、花芽の着生がよくなる。そのため、安定した結果層を確保することができる。また、防除の際に、薬液が内部までよくかかるので、農薬代も節約できる。

摘心後は、葉がコロッと変わり、急激に厚く大きくなり、緑も濃くなる。光合成盛んな働く葉「稼ぎっ葉」となり、大きな花がたくさん咲く。果実の肥大も優れ、一階級上がり、三割以上の増収。品質についても、色がよく、ふっくらとし、ジュース、梅酒はもちろん、梅干しにしても皮のやわらかい製品に仕上がる。

それに、玉揃いがよく、収穫も早まり、青梅出荷にも適している。収穫期が前進するので、よその人が梅とりをしているのに、わが家ではコンテナや選果機を洗って、ゆっくり休める。

徒長枝が少なく、結果枝が多い。大きな花がたくさん咲く

果実がビッシリ。葉も肉厚

せん定がラク、養分補給を十分に

徒長枝切りに反対していた家族たちも、その効果を認め、進んで摘心作業に行くようになった。「バイを早く切ると、秋のせん定がラクでよい」と納得した様子。摘心しない場合、徒長枝は二mくらい伸び、長く太くなる。それを秋にせん定すると、切り口が大きくなり、樹にキズができてしまう。

ただし、摘心栽培には注意点もある。徒長枝をせん除すると、庭木型の格好いい樹になるが、根が浅く、夏の干ばつにも影響を受けやすい。水上げ不足になったら、かん水する。

また、反収が二t以上、三t近くなるので、果実やそのタネによる養分の持ち出しが多く、成り疲れしやすい。そのため、養分補給が必要で、春と秋の彼岸前後と収穫後に、有機質を中心に施用する。苦土やカルシウムも大事で、不足すると樹が「骨粗しょう症」を起こし、折れやすくなる。これらの施用も肝要である。

現代農業二〇一五年五月号

庭先でつくろうマイ・フルーツQ&A⑥

文・大森直樹
絵・角 愼作

梅の木にコケが生えた

以前からウメの木にコケが付着し、とうとう木が枯れてしまいました。庭のサツキやツツジにも付いています。手の届くところはブラシで取っていますが、完全には取り除けません。

この樹なんだか真っ暗ね
プハーッ！根っこもなんだか息苦しそうだよ

原因は地下部の暗闇、地下部の窒息

原因は地上部の枝が混んで湿度が高すぎることと、地下部の酸素が少なくて根が窒息していることです。ですから、コケを取っても何の問題解決にもなりません。

岡山県赤磐市・山陽農園●大森直樹

せん定をして幹や古枝に光を当てる

そこでまずは、地上部をせん定して陽あたりのよい環境にしてやることです。冬のせん定に加え、夏季せん定も有効です。

＊夏季せん定は枝に葉がついている間に行なうせん定で、強く伸びた枝を切ることで樹をコンパクトにし、樹冠内を明るくすることができます。ただし、梅雨前までが適期であり、これ以降は樹が弱りすぎるので切りすぎに注意します。

現代農業2008年8月号

本書は『別冊 現代農業』2017年４月号を単行本化したものです。

著者所属は、原則として執筆いただいた当時のままといたしました。

農家が教える
梅づくし
梅干し・梅漬け、烏梅《うばい》・黒焼き、梅料理、ジャム・ジュース、栽培も

2018年2月20日　第1刷発行
2023年5月30日　第6刷発行

農文協　編

発 行 所　一般社団法人　農山漁村文化協会
郵便番号 335-0022 埼玉県戸田市上戸田2-2-2
電 話 048(233)9351(営業)　048(233)9355(編集)
FAX 048(299)2812　振替 00120-3-144478
URL https://www.ruralnet.or.jp/

ISBN978-4-540-17194-9　DTP製作／農文協プロダクション
〈検印廃止〉　印刷・製本／凸版印刷㈱

Printed in Japan　定価はカバーに表示
乱丁・落丁本はお取りかえいたします。